우리 세상의 기호들

지식은 내 친구 012

우리 세상의 기호들

초판 7쇄 2023년 3월 20일 | **초판 1쇄** 2016년 2월 29일
글 유다정 | 그림 이현진
펴낸이 박강희 | **펴낸곳** 도서출판 논장 | **등록** 제10-172호 · 1987년 12월 18일
주소 10881 경기도 파주시 회동길 329 | **전화** 031-955-9164 | **전송** 031-955-9167
ISBN 978-89-8414-257-2 73300

ⓒ 유다정, 이현진 2016

- 책값은 뒤표지에 있습니다.
- 잘못 만들어진 책은 구입하신 서점에서 바꾸어 드립니다.
- 저작권자와 출판사의 허락 없이 이 책의 내용을 복제하거나 다른 용도로 쓸 수 없습니다.

제품명 도서 | **제조자명** 논장 | **제조국명** 대한민국 | **사용연령** 8세 이상 | **제조연월일** 2023년 3월 20일 | **전화** 031-955-9164 | **주소** 10881 경기도 파주시 회동길 329
• KC 마크는 이 제품이 공통안전기준에 적합하였음을 의미합니다. • **주의사항** 종이에 베이거나 긁히지 않도록 조심하세요.

주제로 배우는 어린이 교양

우리 세상의 기호들

글 유다정 | 그림 이현진

논장

작가의 말

기호를 알면 세상이 보여요!

여러분은 기호를 얼마나 아세요?

기호 하면 화장실 표시나 +, -, ×, ÷ 같은 수학 기호들만 떠오른다고요?

놀라지 마세요. 우리 세상은 기호가 이끄는 대로 굴러간답니다.

"아함, 잘 잤다!"

아침에 눈을 떠서 맨 먼저 기호로 만들어진 시계를 봐요.

일찍 일어나면 여유롭게 학교 갈 준비를 하고

늦게 일어나면 후다닥 허겁지겁 밥을 먹는 둥 마는 둥 하지요.

이렇게 기호에 따라 우리의 행동이 달라져요.

집을 나서면 신호등 표시에 따라 길을 건너고,

때로는 안내 지도를 보고 길을 찾기도 해요.

교과서에도 문학 작품에도 바위그림에도 기호가 담겨 있어요.

우리는 기호를 통해 역사를 배우고 문화를 배우고 지식을 쌓아요.

기호는 우리의 생활을 편리하게 해 주고, 생명을 지켜 주기도 하고,

우리 사회를 발전시키는 역할도 해요.

기호는 사람들 사이의 약속으로 태어나요.

사람과 사람, 사람과 사회, 역사와 문화를 이어 주지요.

인류가 생겨난 이래, 가장 강력한 소통의 도구가 바로 기호랍니다.

기호를 잘 살피면 세상에 대한 통찰력이 한 차원 높아질 수 있어요.

기호는 자주 쓰이던 것이 사라지기도 하고,

새로운 기호가 만들어지기도 한답니다.

기호는 왜 만들어지고, 어떤 뜻을 담고 있을까요?

인류 최초의 기호는 무엇일까요?

정말 기호는 말보다 힘이 셀까요?

우리가 아는 기호, 우리가 모르는 기호 속으로 함께 들어가 봐요.

유다정

차례

세상 모든 것은 기호다!

여자 화장실이 어디야? 10

말이 필요 없어, 픽토그램 16

안전을 책임지는 교통 신호 24

멀리서도 정보를 빠르게 주고받는 신호 28

나라를 대표하는 국기 34

세상을 한눈에 보여 주는 지도 38

기호로 가득한 세상 42

인류 최초의 기호는 무엇일까?

물속에서 시작된 생명 48

인류의 변신은 무죄 52

동굴 생활과 원시 기호 54

옛사람들의 생각이 담긴 기호 60

신에 대한 믿음을 기호로 76

역사를 읽는 기호
반구대 바위그림

한반도에 들어온 사람들 86
왜 바위에 기호를 새겼을까? 88
바위그림으로 알아보는 고래잡이 91
바위그림에 나타난 고래의 생태 93
공동체의 지도자, 샤먼 96
신성한 동물, 거북 98
도구의 발달 101

최고의 기호, 문자

그림 기호에서 시작된 문자 106
사라진 문자 기호들 110
살아 있는 기호, 알파벳 120
우리의 기호, 한글 124

세상 모든 것은 기호다!

눈떠서 잠들 때까지
언제나 함께하는 수많은 기호!
기호는 우리에게 무슨 말을 할까?

여자 화장실이 어디야?

"아, 아! 급하다, 급해!"

멀리서 화장실 표지판을 발견한 은지는 무작정 가까운 입구로 뛰어들었어.

"엄마, 깜짝이야!"

바지 지퍼를 내리는 남자애와 눈이 딱 마주쳤지 뭐야. 은지는 얼굴이 빨개진 채 뛰쳐나왔어. 바로 남자 화장실이었기 때문이야. 에구, 창피해라.

그러게 아무리 급해도 화장실 입구에 있는 기호는 보고 들어가야지. 문 앞에 떡하니 붙어 있는 여자와 남자 그림 기호 말이야.

국가기술표준원(KATS)에서 정한 국가 표준 화장실 픽토그램

화장실 문 앞에 붙어 있는 이 그림이 기호라고?

맞아. 기호야.

기호가 뭔데?

음, 한마디로 정의하기는 어렵지만, 사전에는 '어떠한 의미를 전달하기 위해 쓰이는 부호, 문자, 표지 따위를 통틀어 이르는 말.'이라고 나와 있어. 그러니까 말이나 글로 설명하려면 길고 복잡한 내용을 한눈에 알 수 있게 특성을 잡아 그린 그림이나 부호 같은 거…….

화장실 기호에는 남자와 여자의 정형화된 모습이 그려져 있을 뿐이지만 기호를 보는 순간 '저기가 화장실이구나. 이쪽은 남자 화장실, 저쪽은 여자 화장실.'임을 누구나 알 수 있잖아.

그건 바로 기호가 표현하는 모양을 넘어서 의미를 전달하기 때문에 가능해. 이렇게 사람들은 말이나 글뿐만 아니라 기호로도 의사소통을 한단다. 설마 여자와 남자를 가리키는 기호가 헷갈리는 사람은 없겠지?

아래 그림은 화장실 앞에 붙은 기호들이야.

그런데 이쪽은 남자, 저쪽은 여자, 가리키는 내용은 같지만 모양은 조금씩 달라. 치마나 바지 같은 옷차림이나 몸의 생김새를 특징으로 잡기도 하고, 신사 모자와 지팡이, 굽 높은 구두처럼 사용하는 물건으로 구별하기도 했어.

음, 이 그림은 어느 나라 화장실 기호일까?

이란이야. 이란 여성들은 이슬람교 교리에 따라 히잡을 쓰고 생활하거든. 히잡은 그림처럼 얼굴만 드러내고 머리와 어깨 부분을 가리는 스카프란다.

이렇게 기호는 각 지역의 문화적 특성과 개인의 취향에 따라 조금씩 다르게 나타나기도 해. 요즘은 나라 사이에 교류가 활발해지면서 일부 기호는 국제적으로 표준화하려는 노력도 한단다.

화장실 기호가 이렇게 다양하구나!

* 화장실 표시는 대부분 표준 픽토그램의 형태대로 디자인하지만 각 나라와 지역, 문화적 특성에 따라 다양하게 디자인하기도 한다.

원래 기호를 뜻하는 영어 sign은 표시나 징표를 뜻하는 라틴어 signum에서 유래했다고 해. 어떤 것을 겉으로 드러내 보이는 것이 표시나 징표이니까, 말 그대로 '기호'는 인간의 지식이나 감정을 드러내 보이는 표현 방식을 말하는 거지.

그런데 인간의 지식이나 감정은 무척 다양하고 풍부하잖아. 그 표현 방식 또한 헤아릴 수 없이 많고. 그러니 다양한 지식과 감정을 표현하는 기호도 많을 수밖에.

누군가를 부르거나 어디를 가리킬 때 하는 손짓이나 화나서 일그러진 얼굴 표정도 기호야. 위험을 알릴 때 피워 올리는 연기나 민방위 훈련 때 울리는 사이렌 소리, 어떻게 운전해야 하는지를 알려 주는 교통 표지판과 일상에서 쓰이는 수많은 픽토그램, 문자, 언어, 그림도 모두 기호란다. 그뿐만 아니라 영화나 문학 작품 속에 담긴 상징 등도 다 기호라고 할 수 있어. 이 기호들을 해석하고 연구하는 '기호학'이라는 학문이 따로 있을 정도지.

후유, 세계의 많은 기호들을 언제 다 익히냐고?

너무 걱정하지 마. 이 기호들을 모두 배울 필요는 없으니까. 사실 우리는 생활하면서 기호가 가리키는 '내용'이나 '의미'를 어느 정도는 알고 있어. 다만, 그것을 '기호'라고 의식하지 않을 뿐이지. 인류는 오래전부터 다른 사람과 의사소통을 하기 위해서 기호를 만들어 사용해 왔어. 그래서 우리는 알게 모르게 끊임없이 기호를 학습하면서 자라는 셈이거든. '이런 표시는 이런 뜻'이라는 기호 해독 능력을 자연스레 습득한단다.

자, 그럼 세상에, 내 주변에 어떤 기호들이 있는지 살펴볼까?

우와 ♂ 표시는 어떻게 생겨났을까?

♀ ♂, 이 기호 본 적 있지? 생물학에서 암컷과 수컷 기호로 쓰이다가(스웨덴의 식물학자 린네가 1753년 《식물의 종》이라는 책에서 암컷과 수컷을 구분하는 기호로 처음 사용함) 지금은 남성과 여성을 가리키는 기호로 일반화되었잖아. 이 기호는 어떻게 생겨났을까?

몇 가지 설이 있는데, 가장 유명한 설이 그리스 로마 신화와 연관된 이야기야.

여자를 나타내는 기호 ♀는 그리스 신화에 나오는 미의 여신 아프로디테의 손거울 모양에서 따왔다고 해. 바다 거품에서 태어난 아름다운 여신 아프로디테가 침대에 누워 손거울을 보며 "오, 난 정말 아름다워!" 하고 스스로 감탄하는 모습을 본떠서 만들었다는 설이지. 남자를 나타내는 기호 ♂는 전쟁의 신인 아레스의 창과 방패를 본떠 만들었다고 해. 전쟁의 신답게 늘 창과 방패를 지니고 다닌 용감하고 씩씩한 아레스, 그의 창과 방패가 남자를 나타내는 기호 ♂가 됐다는 거야.

지금은 남자와 여자 기호로 쓰이지만 아주 오래전에는 다른 의미로 쓰이기도 했어. 점성술에서는 금성(♀)과 화성(♂)을, 연금술에서는 구리(♀)와 철(♂)을 의미했단다.

말이 필요 없어, 픽토그램

"불이야!"
 이 그림은 불이 났을 때처럼 갑자기 위험한 상황이 닥쳤을 때 이곳을 통해 빠져나가라는 '비상구'를 표시하는 픽토그램이야. 그림만 봐도 급하게 바깥으로 뛰어나가는 것 같지?
 픽토그램은 사물이나 시설, 또는 우리가 하는 행동 등 꼭 지켜야 할 규칙이나 알아야 할 정보를 단순한 그림으로 만들어 모든 사람이 빠르고 쉽게 이해하도록 만든 시각 언어야. 그림이라는 뜻의 picto와 메시지 혹은 통신이라는 뜻의 telegram을 합친 말로 일종의 그림 문자를 뜻하는데, 말보다 훨씬 쉽게 뜻을 전해 준단다. 우리 주변에서 흔히 보는 기호의 대부분은 픽토그램이라고 할 정도로 픽토그램은 수가 많고 세계적으로 쓰여.
 이다음에 말이 통하지 않는 외국에 배낭여행을 갔다고 한번 상상해 봐. 처음 보는 낯선 곳에서 어떻게 내가 가고 싶은 박물관을 찾아갈까?
 그럴 때 바로 픽토그램이 도움이 돼. 관광 정보를 알려 주는 안내 센터, 택시가 서는 곳을 알려 주는 표지판, 기차를 타는 역 등이 곳곳에 픽토그램으로 표시돼 있거든. 픽토그램은 보는 순간 의미를 쉽게 알아챌 수 있도록 특징을 살려서 만들었기 때문에 글자를 몰라도 한눈에 어떤 의미인지 머릿속에 즉각 떠올릴 수 있어.

어디를 가든 비상구 픽토그램을 유심히 봐 두렴. 혹시라도 건물 안에서 무슨 일이 생기면 얼른 비상구를 통해 대피해야 하니까. 일상생활에서 자주 보는 픽토그램의 뜻을 정확히 알아 두면 아주 쓸모가 있단다!

지하철은 저쪽이야!

[여러 가지 픽토그램]

픽토그램도 변한다고?

오늘은 지후랑 동생 예지랑 아빠가 동물원에 가는 날이야. 셋은 지하철을 탔지.

"지후야, 여기 앉자!"

아빠는 예지를 안고 임신부, 노약자, 영유아 동반 좌석에 앉았어. 그 자리에는 바지를 입고 있는 사람이 아이를 안고 있는 픽토그램이 붙어 있었어.

예전에는 여자가 아이를 안은 픽토그램이 붙어 있어서 남자는 눈치가 보여 앉기가 힘들었어. 아이를 돌보는 일은 엄마의 몫이라고 생각해 아이를 안고 있는 사람을 으레 여자로 그렸기 때문이지. 하지만 지금은 육아에 대한 생각이 많이 바뀌었어.

"아이는 엄마와 아빠, 둘이 힘을 합쳐서 키워야 합니다!"

그래서 영유아 동반 좌석을 표시하는 픽토그램이 바지를 입은 사람으로 바뀐 거야. 여자와 남자를 구별하지 않은 거지. 이렇게 시대의 흐름에 따라 픽토그램이 달라지기도 한단다.

운동 좋아하니?

운동을 특별히 좋아하거나 좋아하지 않더라도 국제 경기가 열리면 다들 한마음이 돼 열정적으로 우리 선수를 응원하게 돼. 양궁도 수영도 피겨스케이팅도 레슬링도 선수들이 정말 멋진 경기를 펼치잖아!

세계 각국이 저마다 운동 기량을 뽐내는 올림픽에서는 특히 많은 픽토그램이 쓰인단다. 올림픽 경기 종목을 나타내는 픽토그램은 국제적으로 정해 놓고 모든 나라가 다 같이 사용하는데, 각 종목의 특징을 최대한 살려서 만들기 때문에 나라가 달라도, 운동을 몰라도 누구나 쉽게 어떤 종목인지 알아차릴 수 있어.

2012년 런던 올림픽 때는 경기 종목 26개를 두 가지 픽토그램으로 만들었어. 하나는 '흑백 버전'이고, 또 하나는 원색 선으로 윤곽을 그린 '실루엣

2012년 런던 올림픽 때 쓰인 흑백 버전(왼쪽)과 실루엣 버전(오른쪽)의 픽토그램

버전'이야. 원색 실루엣 버전은 런던 올림픽에서 새롭게 선보인 독창적인 픽토그램인데, 선만으로 경기의 역동적인 모습을 한껏 살려서 운동할 때의 활발하고 힘찬 모습을 잘 전해 준단다.

이런 픽토그램은 올림픽 경기 종목뿐만 아니라 각종 기념품, 티켓, 안내판 등에 다양하게 활용되지.

"픽토그램이 너무 많아요."

맞아. 몇 개라고 말하기 힘들 정도로 픽토그램은 아주 많아.

게다가 자꾸만 새로운 픽토그램이 생겨.

픽토그램이 이렇게 많은 것은 그만큼 일상생활에서 효율적으로 쓰이기 때문이야. 글자를 모르는 사람도 뜻을 쉽게 알 수 있으니 그것보다 더 편리한 게 어디 있겠어?

평소 쓰레기통 옆에 이런 안내판이 있으면, 사람들은 쓰레기통이 얼른 눈에 띄지 않는 곳에서도 바닥에 휴지를 버리지 않고 참을성 있게 이런 안내판이 있는 곳을 찾게 되잖아!

이게 쓰레기통 픽토그램이야.

여기다 버려야지!

픽토그램은 약속이다

기술과 교통수단이 비약적으로 발달한 20세기 초부터 픽토그램은 교통 표지판에 널리 활용되기 시작했어. 언어를 뛰어넘는 국제적인 의사소통 수단으로 전세계적으로 픽토그램을 전문적으로 연구하고 국제적으로 표준화하는 작업도 시작됐단다.

1947년에 설립된 국제 표준화 기구(ISO)는 다양한 분야의 규격을 국제적으로 정하는 곳이야. 생활하는 데 필요한 물품이나 자재, 서비스의 국제 간 교류를 편리하게 하기 위해서 말이야. 같은 부품을 나라마다 다 다르게 하면 협력이 어려워질 테니까. 나라마다 다르게 사용하던 픽토그램을 국제적으로 표준화하는 작업도 ISO에서 한단다.

우리나라는 1980년대부터 픽토그램을 사용했는데, 2002년 한일 월드컵을 계기로 본격적인 표준화 작업을 진행했어. 산업통상자원부 국가기술표준원에서 각종 시설 안내 표지와 안전 표시 등 픽토그램 300여 가지 이상(2008년 기준 335개)을 국가 표준으로 정해 놓았어.

지금 우리가 공공시설이나 화장실, 지하철 등에서 볼 수 있는 픽토그램은 ISO에서 정한 국제 표준 픽토그램들이야. 그중에는 우리나라에서 제안한 픽토그램도 있어. 비상 대피소, 애완동물 금지, 맹견 주의 같은 것들이야.

픽토그램을 만들 때는 나름대로의 법칙이 있어. 우선 픽토그램에 쓰이는 그림은 사전에 교육받지 않더라도 누구나 즉시 알아차릴 수 있도록 단순하고 의미가 명료해야 해. 색상에도 의미가 있는데, 일반 사항이나 공공시설물을 안내할 때는 검은색, 금지를 나타낼 때는 빨간색, 경고나 주의 환기가 필요할 때는 노란색, 안전을 유도할 때는 초록색 표지판을 사용한단다.

안전을 책임지는 교통 신호

'3초 먼저 가려다 30년 먼저 간다!', '중앙선은 생명선, 신호등은 생명등' 자동차를 타고 가다 이런 표어 본 적 있니? 어휴, 으스스해라! 조금 빨리 가려고 정지 신호를 무시하고 달리다 '끼이익, 쾅!' 사고로 목숨을 잃을 수 있다는 거잖아. 그것보다 더 안타까운 일이 어디 있겠어? 그러니 신호등이 생명등이지.

신호등이 없다고 생각해 봐. 직진하려는 차도 좌회전하려는 차도 서로 자기가 먼저 가겠다고 고집을 피우면? 횡단보도가 없어서 사람들이 눈치껏 차들이 씽씽 달리는 도로를 건너야 한다면?

아니면, 교통 신호가 기호가 아닌 글로 써 있다면 어떤 상황이 벌어질까? '여기서는 이쪽 차선 차량이 먼저 좌회전한 다음에 어쩌고저쩌고…….' 구구절절 글로 쓰여 있어서 달리다 멈춰서 표지판의 글을 읽어야 한다면?

[여러 가지 교통 표지판]

어때? 마구 뒤엉킨 도로 상황이 연상되지? 서로 삿대질을 하고 언성을 높이며 잘잘못을 따지기도 할 거고……. 어휴!

그러니 우리 생활 전반에 걸쳐, 특히 안전과 신속함이 필요한 상황일수록 한눈에 쏙 들어오는 기호가 꼭 필요하단다. 교통 신호는 우리의 안전을 지켜 주는 정말 중요한 기호야. 무엇보다 여러분은 도로를 지날 때 횡단보도의 신호등을 잘 지켜야 한다는 사실을 잊지 마.

아니, 이런 표지판이!

안경은 두 개 이상

"여분의 안경이 있습니까?"

혹시 안경을 쓰니? 그렇다면 안경을 몇 개나 가지고 있어?

에스파냐에서는 안경을 쓴 사람이 자동차를 운전한다면 반드시 예비 안경을 따로 가지고 있어야 해. 혹시라도 사고가 나서 안경이 망가질 때를 대비해서야. 에스파냐의 교통 법규에 명시된 내용이야. 그래서 이렇게 안경이 두 개인 교통 표지판이 있는 거란다. 안경을 두 개 맞추려면 돈이 좀 들겠지만 안전을 위해서는 좋은 법인 것 같아.

술에 취한 사람을 조심하세요!

루마니아 페치카 지역에 설치된 도로 표지판이야.

술병을 들고 가다 넘어진 사람의 모습이 그려진 이 표지판이 말하는 내용은 무엇일까? 음…… 그래, '취객 주의', 즉 술에 취해서 길에 쓰러진 사람을 조심하라는 뜻이야. 술을 좋아하는 페치카 주민들이 교통사고를 당하는 경우가 많아서 이런 표지판을 만들었다고 해. 길가에 쓰러진 사람을 못 보고 자동차가 지나갈 수도 있으니까.

캥거루 조심!

오스트레일리아에서 쉽게 볼 수 있는 캥거루가 그려진 노란 표지판이야. 캥거루 보호 구역이냐고? 아니야. 캥거루를 조심하라는 경고의 의미란다. 오스트레일리아에는 사람보다 더 많은 수의 캥거루가 야생에서 살아간다고 해. 그러다 보니 걸어가거나 운전을 하는데 불쑥 캥거루가 튀어나오는 바람에 깜짝 놀라서 교통사고가 많이 일어나거든. 오스트레일리아에 가서 이 표지판을 만나면 반드시 도로 주위를 잘 살피며 가야 해. 갑자기 나타나는 캥거루에 당황하지 않으려면 말이야.

멀리서도 정보를 빠르게 주고받는 신호

멀리 떨어져 있는 누군가에게 무언가를 긴급하게 알려야 할 때는 어떻게 할까? 요즘에는 무조건 스마트폰이나 메신저, 이메일 등을 보내면 되지. 전 국민에 관련된 일이라면 텔레비전 방송 속보나 신문 호외를 발행해서 알릴 수 있고.

그런데 이런 통신 기기들을 이용할 수 없는 상황이라면? 높은 산이나 먼 바다에서 재난을 당했다고 생각해 봐. 험악한 지형이나 높은 파도 때문에 조난을 당했는데, 통신마저 끊어졌다면 어떻게 해야 할까?

이런 긴급한 상황에서 구조 요청을 할 때 요긴하게 쓸 수 있는 게 신호야. 전기나 전자 기기가 작동하지 않을 때 신호를 통해 자신이 있는 위치를 알리는 거지. 연기를 피운다든지, 크게 소리를 지른다든지, SOS 신호를 보낸다든지 하는 방법으로.

이렇게 떨어져 있는 사람끼리 일정한 부호를 사용해서 통신하는 방법을 신호라고 해. 신호에는 소리로 전달하는 청각적인 신호와 눈으로 볼 수 있게 하는 시각적인 신호가 있단다.

통신 수단이 발달하지 않았던 옛날에는 주로 신호를 이용해서 서로 메시지를 전달했어. 처음에는 눈에 보이는 행동을 한다든지, 귀에 들리는 소리를 지르는 단순한 방법을 사용했지. 그러다가 사람 수가 늘고 부족 간의 전쟁이 잦아지면서 신호도 점차 발달해 갔어. 갑자기 적이 쳐들어온 긴박한 상황에서 어떻게 부족민들을 일일이 찾아다니며 알릴 수 있겠어? 그래서 부족민들 사이에 어떤 신호를 정해 놓고 그 신호는 이런 의미가 담긴 기호라고 미리 약속하는 거지. 눈앞에 보이는 단순한 동작에서 시작된 신호는 좀 더 복잡하고 체계적으로 발전해 갔어.

이렇게 생겨난 고대의 여러 신호 중에 대표적인 게 불을 이용한 신호야. 적이 쳐들어오면 불을 피워 알렸어. 환한 낮에는 연기를 이용하고 깜깜한 밤에는 횃불을 피워 올렸어. 낮에는 불꽃이 잘 안 보이니까.

불과 연기는 멀리서도 쉽게 볼 수 있어서 연락을 주고받는 데 큰 도움이 되었어. 이렇게 연기와 횃불로 변방에서 중앙으로 급한 일을 전달하는 통신 제도를 봉수라고 불렀어. 봉(烽)은 밤에 불을 피워 신호를 보내는 것이고, 수(燧)는 낮에 연기를 피워 올려 신호를 보내는 것을 뜻해.

"킥킥! 내 친구 이름도 봉수인데."

그래? 봉수는 고대에 가장 널리 쓰인 신호인데, 아메리칸 인디언들도 수천 년 동안 사용했다고 해. 하지만 봉수 신호는 바람이 심하게 불 때는 사용하기가 쉽지 않았을 거야.

우리나라에서는 삼국 시대부터 봉수를 사용했어. 고려 시대에는 봉수 제도를 더욱 발전시켰는데, 산꼭대기에 봉수대를 만들어 놓고 나라에 급한 일이 생기면 햇불과 연기로 소식을 알렸어. 지방에서 피워 올린 불빛은 곳곳에 설치된 봉수대에 차례로 전달되어 결국에는 왕궁에까지 소식을 전달했지. 불기둥을 몇 개 피우는지에 따라 상황을 알 수 있도록 했는데, 조선 시대의 경우, 평상시에는 한 개, 적이 나타나면 두 개, 적이 가까이 다가오면 세 개, 전쟁이 일어나면 네 개, 적과 싸우고 있으면 다섯 개의 봉화를 올렸단다.

북소리를 신호로 사용하기도 했어. 적이 쳐들어오거나 급한 일이 생기면 둥둥둥둥 다급하게 북을 쳐서 널리 알렸거든. 전쟁을 할 때는 군사들의 사기를 높이기 위해서 둥둥둥 힘차게 북을 쳤고.

"뿌우우!"

나팔 소리를 신호로 쓰기도 했어.

북이나 나팔 같은 청각 신호에는 백성이 억울한 사정을 알리던 신문고나 낙랑의 자명고 등도 있으니, 어떤 이야기가 있는지 한번 찾아보렴.

또 높은 산이나 높은 언덕에 깃발을 꽂아 신호로 사용하기도 했지.

불, 북, 깃발 등 사용하는 도구는 달라도 모두 멀리 떨어진 사람에게 무언가를 알리고자 하는 목적은 같았단다.

꼭 기억해! 조난당했을 때 보내는 구조 신호

갑자기 조난을 당하면 당황하지 말고 119로 전화해 조난 사실을 최대한 정확하게 알려야 해. 휴대 전화가 없더라도 다음과 같은 구조 신호로 알리면 돼.

산에서 조난당하면

- 커다란 목소리로 외치거나 호루라기를 불거나 물건을 두드려 소리를 낸다.
- 눈에 잘 띄는 색의 옷이나 천을 흔든다.
- 램프를 깜박거리거나 연기나 횃불을 피워 자신의 위치를 알린다.
- 세계 공통의 조난 신호는 호루라기나 램프, 횃불을 이용하여 1분 동안 10초 간격으로 6회 깜박이거나 흔들고 1분간 쉬었다가 다시 1분에 6회 신호 보내기를 반복하는 것이다. 이에 대한 응답 신호는 1분 동안 20초 간격으로 3회 신호하고 1분간 중지했다가 1분 동안 3회 신호 보내기를 반복한다.

배를 타고 가다 조난당하면

- 적색의 불꽃이나 오렌지색 연기를 피우거나 위 또는 아래에 둥근 물체를 단 4각 깃발을 흔드는 등 시각 신호를 보낸다.
- 총이나 로켓을 일정한 간격으로 발사하는 등 음향 신호를 보낸다.
- 모스 부호인 SOS, 국제 신호기 NC, '메이데이' 등과 같은 신호를 보낸다.

그 밖의 구조 신호들

- **빛을 이용한 구조 신호**

  시야가 트인 곳에서 거울이나 금속 파편으로 햇빛을 반사해 신호를 보낸다.

- **몸짓을 이용한 구조 신호**

  다리를 어깨너비로 벌리고 서서 양팔을 수직으로(V 자 모양으로) 위로 올린다. '그렇다'는 뜻으로 옷이나 수건 등을 머리 위에서부터 아래로 반복해서 흔들고, '아니다'라는 뜻으로 팔을 아래로 하여 무릎 높이에서 좌우로 흔든다.

---

* **모스 부호 SOS**

전기로 통신하는 전신 부호인 모스 부호는 1832년 미국의 새뮤얼 모스가 발명했다. 점과 선으로 알파벳을 나타내는데, 구조 신호 SOS가 유명하다. SOS를 모스 부호로 나타내면 ··· - - - ··· 인데, 이 신호를 반복한다.

* **음성을 이용하는 국제 공통 조난 구조 신호**

무전기와 같이 말을 전달할 수 있는 기계가 있으면 '메이데이'를 3회씩 반복한다. 메이데이는 '도와 달라'는 뜻의 프랑스 어 m'aider에서 유래했다.

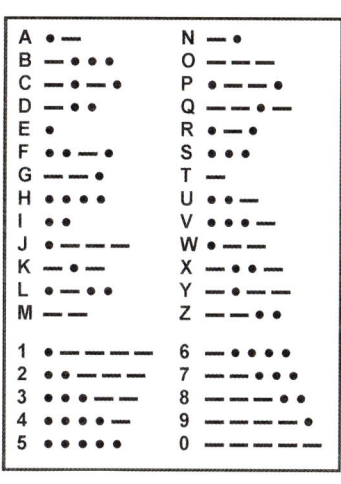

모스 부호

* **국제 신호기**

40개의 국제 신호기를 이용하여 선박과 선박 사이, 선박과 육지 사이에 통신한다. 조난을 당했을 때는 신호기를 NC의 순서로 올린다.

국제 신호기(일부)

나라를 대표하는 국기

"저기 오는 녀석이 우리 편이야, 적이야?"

옛날, 서로가 뒤엉켜 싸우던 복잡한 전쟁터에서는 적군과 아군을 구별하기가 쉽지 않았어. 그래서 자기편임을 알아볼 수 있는 표시를 새긴 깃발을 만들게 되었지. 항상 그 깃발을 들고 다니며 자기편을 쉽게 확인한 거야. 전쟁터에서 깃발은 같은 소속이라는 것을 확인해 주면서 병사들의 사기를 높이는 역할을 했어.

전쟁터뿐만 아니라 고대 국가, 그러니까 고대 이집트나 중국의 주나라 같은 곳에서 부족이나 집단의 표시로 사용하던 깃발은 세월이 흘러 각 나라를 상징하는 국기가 되었단다.

흔히 국기를 그 나라의 얼굴이라고 해. 특정한 빛깔과 모양으로 그 나라만의 고유한 역사, 문화, 자연환경 등을 담으니까. 각 나라의 국기를 하나하나 뜯어보면 그 나라와 관련된 상징들을 찾을 수 있어.

유럽 여러 나라의 국기에서 볼 수 있는 십자가 문양은 기독교와 관련이 깊어. 십자가는 기독교의 대표적인 상징물이거든. 특히 11~13세기에 걸쳐 유럽에서 기독교권 나라와 이슬람권 나라가 크게 대립하여 싸운 십자군 전쟁 때 십자가는 기독교권 나라의 표시 기호로 굳어졌어. 덴마크, 스웨덴, 영국, 노르웨이 같은 나라들의 국기를 보면 이런 십자가 표시가 있어.

초승달과 별 문양은 이슬람교와 관련이 깊어. 터키, 파키스탄, 알제리와 같이 이슬람교를 믿는 나라의 국기에 주로 그려져 있지. 같은 별이지만 미국, 브라질 국기에 새겨진 별은 그 나라에 있는 주를 나타낸단다.

또 용, 사자, 독수리 같은 동물이나 식물이 그려진 국기도 있는데, 그 나라의 전통이나 자연과 관계있는 내용을 상징적으로 담은 거야. 티베트 어로 '용의 나라'를 뜻하는 '부탄'의 국기에는 당연히 용이 그려져 있어.

덴마크 국기 　　　　터키 국기 　　　　부탄 국기

프랑스 혁명과 삼색기

아주 오래전, 프랑스는 절대 권력을 가진 왕이 나라를 다스렸어. 왕과 귀족을 비롯한 소수의 특권층이 부와 권력을 독차지했지. 그러니 시민들은 점점 살기가 어려워질밖에. 1789년 시민들은 더는 참지 못하고 혁명을 일으켰어. 불평등한 세상을 바꾸려고 말이야. 바로 프랑스 대혁명이야. 이 혁명으로 프랑스에서는 절대 왕정이 무너지고 민주주의가 발전하기 시작했단다.

혁명 당시 파리국민군은 파란색과 빨간색, 하얀색의 휘장을 모자에 달고 다녔어. 여기에서 삼색기가 유래하였고, 1794년 프랑스의 국기로 공식 제정됐어. 삼색기의 파란색은 자유, 하얀색은 평등, 빨간색은 박애를 상징하지.

프랑스 대혁명은 프랑스뿐만 아니라 인류 역사에 큰 영향을 주었어. 삼색기 역시 혁명을 대표하는 깃발로 여겨졌지. 그래서 그 뒤로 시민 혁명, 독립 투쟁, 민족 통일 운동의 역사를 가진 나라들은 삼색기를 참고하여 국기를 만들었단다.

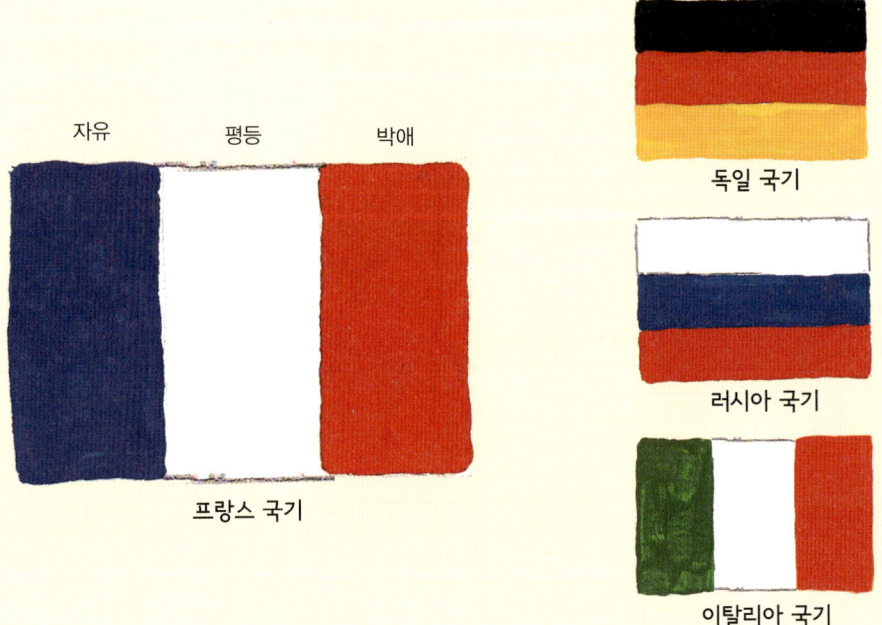

우리나라의 국기, 태극기

태극기가 우리나라 국기로 제정된 건 1883년 고종 때의 일이야. 처음 우리의 국기를 만들 때 중국은 자기네 국기를 바탕으로 하라고 했지만 고종은 그러지 않았어.

"우리만의 국기를 만들 것이다."

백의민족의 밝고 순수함과 평화를 사랑하는 한민족의 민족정신을 떠올려 바탕을 흰색으로 하고, 오래전부터 전해 내려오던 우리 고유의 태극무늬를 가운데에 넣었어.

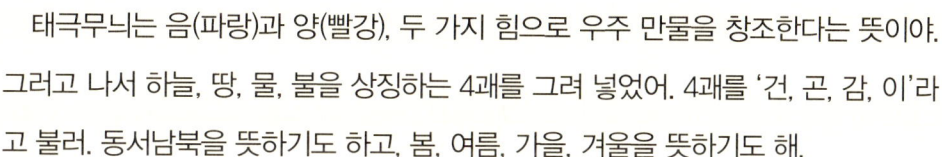

태극무늬는 음(파랑)과 양(빨강), 두 가지 힘으로 우주 만물을 창조한다는 뜻이야. 그러고 나서 하늘, 땅, 물, 불을 상징하는 4괘를 그려 넣었어. 4괘를 '건, 곤, 감, 이'라고 불러. 동서남북을 뜻하기도 하고, 봄, 여름, 가을, 겨울을 뜻하기도 해.

이와 같이, 우주 만물이 음양의 상호 작용에 의해 생성하고 발전한다는 대자연의 진리를 형상화한 태극기는 우주와 더불어 끝없는 창조와 번영을 바라는 한민족의 이상을 담고 있어. 태극기같이 심오한 철학을 담은 국기는 또 없을 거야.

"그런데 음과 양은 뭐예요?"

좀 어려운 말인데, 음과 양은 만물을 생성하는 기운이야. 옛날 동양 사람들은 양과 음, 즉 남자와 여자, 해와 달, 밝음과 어둠처럼 상반되는 성질이 서로 의존하고 조화를 이루면서 이 세상이 만들어지고 변화한다고 여겼어.

 ## 세상을 한눈에 보여 주는 지도

지도 하면 어떤 지도가 맨 먼저 떠올라?

"보물 지도요!"

흐흐, 보물 지도는 언제나 호기심과 상상력을 자극하지!

보물 지도는 왜 그렸을까?

아무도 모르게 은밀한 곳에 보물을 숨기고는 그 장소가 어디인지 잊지 않으려고 그랬겠지?

이렇게 대부분 길을 잃지 않으려고, 또 내가 어디에 있는지 확인하려고 지도를 만들기 시작했어. 기억만으로 모든 길을 떠올릴 수는 없으니까.

옛날에는 지도가 아주 단순했어. 산이나 강, 길 등만 그리면 되었지.

요즘은 어떨까? 옛날에 비해 사람 수도 어마어마하게 늘었고, 건물이 많고 길도 엄청 복잡해졌지. 그러니 집이나 빌딩, 놀이터, 공원, 도로 등을 어떻게 일일이 다 그려 넣을 수 있겠어?

"아, 도저히 다 그릴 수 없어. 간단한 방법이 없을까?"

그래서 지도에 기호를 쓰기 시작했단다. 건물이나 시설물을 다 그릴 수 없으니까 건물의 모양을 본뜬 그림이나 상징적인 문양 등을 사용한 거야. 점과 선으로 도로를 표시하고, 삼각형이나 사각형 모양으로 건물을 표시하고, 색깔의 짙고 옅음으로 높낮이나 경계를 표시하기도 했지.

그래서 지도에는 수많은 기호가 있어. 가히 기호의 집합체라고 할 수 있을 정도로 지도는 온통 기호투성이란다!

지도는 복잡해진 만큼 쓰이는 곳도 다양해졌어. 박물관에 가면 박물관 지도가 있고, 미술관에 가면 미술관 지도가 있고, 지하철을 타는 데는 지하철 지도가 있어. 물론 도서관에도 있고.

지도는 기호가 많아서 아주 복잡해 보여. 하지만 자주 쓰는 몇 가지 기호만 익히면 지도 보기가 그렇게 어렵지는 않단다.

오늘 지도의 기호를 한번 찬찬히 익혀 봐. 산이나 강, 도로 시설 등을 어떤 기호로 표시했는지 찾아보는 것도 꽤 재미있을걸.

그러고 나서 주말에 지도를 들고 내가 사는 동네를 한 바퀴 둘러보며 지도랑 실제 도로를 한번 비교해 봐. 나에게 필요한 내용을 중심으로 우리 동네 지도를 다시 그려 볼 수도 있을 거야.

지도에는 어떤 기호가 쓰일까?

우리나라 최초의 세계 지도, 혼일강리역대국도지도

혼일강리역대국도지도는 1402년 조선 초기에 권근, 이회 등이 만든 우리나라 최초의 세계 지도야. 현재 남아 있는 세계 지도 중에서 동양에서 가장 오래된 것으로, 가로 약 1.6미터, 세로 약 1.5미터인 대형 지도란다.

이 지도에는 중국이 가운데에 그려져 있고 동쪽에는 일본과 우리나라, 서쪽에는 인도, 유럽, 아프리카까지 나와. 중국은 가운데에 아주 크게, 우리나라도 실제보다 크게 그렸어. 그에 비해 일본은 작고 위치나 크기가 부정확하게 그려져 있어. 그래서 당시 중국을 세계의 중심으로 여겼던 중화사상을 엿볼 수 있는 지도라고도 해. 하지만 아프리카와 유럽 등을 그린 것으로 보아 세계를 객관적으로 파악하려고 했다는 걸 알 수 있어. 또 우리나라의 정보를 자세하게 기록한 자주성이 엿보이는 지도라고 보는 의견도 있어.

혼일강리역대국도지도는 비단에 그려 채색했는데, 안타깝게도 원본은 전해 오지 않아. 채색 필사본이 일본 류코쿠대학 도서관에 소장되어 있을 뿐이란다.

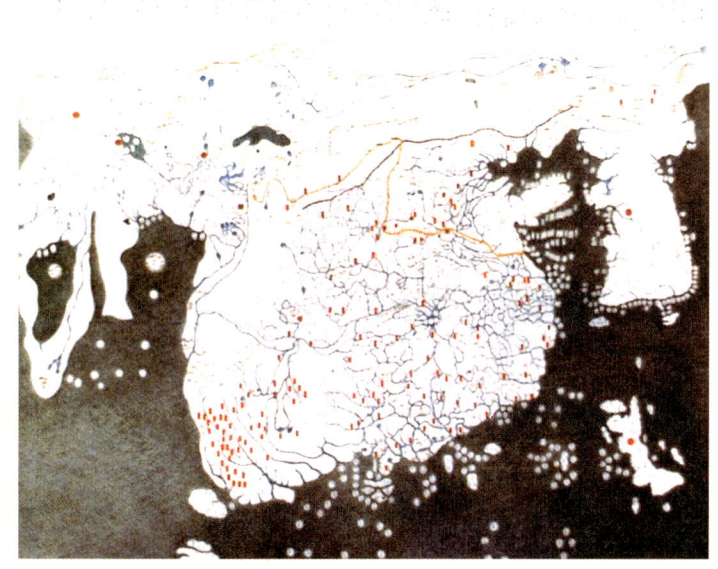

<혼일강리역대국도지도 채색 필사본>, 일본 류코쿠대학 소장

기호로 가득한 세상

우리가 날마다 공부하는 교과목에도 기호가 정말 많아. 한글이나 영어는 물론이고, 숫자도, 악보의 음표도 다 기호야.

수학만 봐도, 간단한 사칙연산에서부터 복잡한 공식에 이르기까지 다 기호들의 행진이야. 더하기 기호 +를 볼래? + 기호는 et라는 라틴 어에서 유래했다고 해. 우리에게는 피보나치라는 이름으로 널리 알려진, 13세기경에 활약한 이탈리아의 수학자 레오나르도 피사노가 7 더하기 8을 '7 et 8'로 표시했어. 그런데 나중에 et가 +라는 기호로 더 단순해졌다고 해.(et는 영어로는 'and' 우리말로는 '과' 정도로 해석할 수 있어.)

우리가 수학을 머리 아프다고 느끼는 건 어쩌면 잘 모르는 기호가 많기 때문일 수 있어. 하지만 기호로 표시하지 않는다면? 문제를 파악하는 것만으로도 머리가 어찔어찔할걸. 기호가 없다면 수학 공식이 지금보다 몇 배는 더 복잡해질 테니까. 실제로 수학 기호 덕분에 수학이 크게 발전할 수 있었다고 해. 그러니 좀 낯설더라도 수학 기호를 익혀 보렴. 그러다 보면 수학이 좀 더 친근해질지도 모르잖아.

눈을 뜨자마자 수많은 기호에 둘러싸여 생활하는 너의 하루를 볼까?

아침에 기호로 표시된 시계를 보고 서둘러 학교로 가서는, 기호로 적힌 교과서로 공부를 하고, 기호로 된 교통 신호에 따라 길을 건너고, 기호로 안내한 간판을 보고 가게에 들어가 먹고 싶은 과자를 고르고, 현관 앞에서 기호를 눌러 문을 열고 집 안으로 들어가지. 아, 중간중간 친구들과 문자를 주고받을 때 없으면 안 되는 이모티콘도 다 기호란다.

내일은 무슨 옷을 입을까? 살짝 고민하며 텔레비전 날씨 예보를 볼 때에도 여러 기호가 나타나. 눈, 비, 소나기 같은 날씨도 다 기호로 표시하니까.

기호는 온 세상에 널려 있어.

누구일까? 맨 처음 자신의 생각을 기호로 표시한 사람은.

어떤 모습이었을까? 맨 처음 만들어진 기호는.

어떤 생각이 담겼을까? 옛사람들이 만든 기호에는.

인류 최초의 기호는 무엇일까?

물속에서 시작된 생명이
진화하고 진화하고 진화해 탄생한 인류,
그들은 맨 처음 어떤 기호를 썼을까?

약 2억 2천8백만 년~6천5백만 년 전
_공룡 시대

약 46억 년 전_지구 탄생

 ## 물속에서 시작된 생명

뻥!

아주 먼 옛날, 우주에 어마어마한 폭발이 일어났어. 쏟아져 나온 가스와 먼지, 돌멩이들은 아무렇게나 떠돌다 서로 끌어당기며 수많은 덩어리를 만들었단다. 이 덩어리들은 부딪치고 합쳐지는 과정을 수없이 반복하며 점점 커졌어. 큰 덩어리일수록 주위의 물체를 끌어당기는 힘이 강해서 더 빨리 커졌지.

이렇게 만들어진 큰 덩어리 중에 하나가 지구야. 지금으로부터 약 46억 년 전의 일이지.

약 70만 년~1만 년 전_구석기 시대

지구가 처음 만들어졌을 때는 어떤 생명체도 살 수 없었어. 지구 전체가 부글부글 끓고 있었으니까. 여기서 뻥! 저기서 뻥! 화산이 폭발하고, 운석이 '쾅! 쾅!' 날아들었어.

화산에서 나온 수증기는 하늘로 올라가 구름이 되었지. 지구가 조금씩 식어 가자 구름은 비가 되어 내렸어.

비는 내리고, 내리고, 내리고…….

뜨거운 지구가 식어도 비는 그치지 않고 계속 내렸어. 결국 지구에 큰 홍수가 났어. 그러자 찰랑찰랑 물이 흐르며 강과 바다가 만들어졌단다.

드디어 지구가 바다와 육지로 나뉜 거야. 구름이 걷히자 하늘에서 태양이 빛을 비추었어.

"그럼 생명체는 언제 생겨났어요?"

바다가 만들어지고도 오랜 시간이 지난 뒤였어. 지금으로부터 몇십억 년이나 전의 일이야. 먼저 바다에 꼬물거리는 생명체가 생겨났어. 너무 작아서 현미경 없이는 볼 수 없는 미생물, 박테리아! 그게 바로 지구에 생겨난 최초의 생명체라고 추측해. 원시 지구의 바닷속에 풍부하게 녹아 있던 유기물 속에서 최초의 생명체가 탄생했다는 설이야. 바다에서 시작된 생명체는 진화하고, 진화하고, 또 진화하고…….

수많은 진화를 거치고 거쳐 지금으로부터 약 500만~400만 년 전, 지구에 최초의 원시 인류가 나타났어.

"드디어 우리 조상님이 등장하시겠군!"

달은 어떻게 탄생했을까?

밤하늘에 둥실 떠 있는 달이 어떻게 생겨났는지에는 몇 가지 가설이 있어.

"달은 지구처럼 우주에 떠다니던 먼지들이 서로 뭉쳐서 만들어진 것이오!"

"아니오. 달은 지구가 처음 만들어졌을 때 지구가 너무 빨리 회전하는 바람에 지구에서 떨어져 나간 조각들이 뭉친 것이오."

"틀렸소. 달은 우주를 떠돌던 운석이 지구와 충돌했을 때 떨어져 나간 것들로 만들어졌소!"

집적설, 분열설, 거대 충돌설, 이렇듯 과학계에서 서로 다르게 주장하는 것은 너무 오래전에 일어난 일이라 누구도 정확하게 알 수 없기 때문이야. 증명할 방법이 없는 거지. 네 생각에는 어떤 주장이 옳은 것 같니?

인류의 변신은 무죄

'남쪽의 원숭이'라는 뜻이야.

1. 오스트랄로피테쿠스 Australopithecus

최초의 인류, 즉 현생 인류의 가장 오래된 조상이라고 추측하는 오스트랄로피테쿠스는 약 400만~100만 년 전에 처음 나타났어. 사람과 원숭이의 특성을 조금씩 가지고 있었고 아프리카에서 살았어. 두 발로 서서 걸으며 긴 팔을 자유롭게 사용했어.

2. 호모 하빌리스 Homo habilis

호모 하빌리스는 정확한 손놀림으로 도구를 만들어 썼다고 해. 그들은 돌을 깨뜨려 도구를 만들어 동물의 사체를 자르거나 풀을 벨 때 유용하게 사용했어. 대략 200만~150만 년 전에 살았을 것으로 추측해.

'손재주가 있는 사람'이라는 뜻이야.

3. 호모 에렉투스 Homo erectus

호모 에렉투스는 산불이 난 곳이나 화산이 폭발한 곳에서 불씨를 가져다 사용하기 시작했어. 불을 이용하여 맹수를 쫓고 음식을 익혀 먹었지. 불을

'똑바로 서는 사람' 이라는 뜻이야.

사용함으로써 추운 지방이나 다른 대륙으로 이동할 수 있게 되었단다. 호모 하빌리스에서 진화했다고 생각되는 호모 에렉투스는 대략 160만~25만 년 전에 살았다고 해.

4. 호모 사피엔스 Homo sapiens

죽은 사람을 땅에 묻기 시작했고, 모양과 크기가 다양한 화살촉 같은 무기와 여러 도구를 만들어 사용했어. 또 유럽으로 이동해 살기도 했어. 초기 호모 사피엔스가 출현한 시기는 대략 25만~15만 년 전으로 추측해.

'슬기로운 사람' 이라는 뜻이야.

5. 호모 사피엔스 사피엔스 Homo sapiens sapiens

지금으로부터 5만~4만 년 전쯤 출현한, 현재 인류의 직접적인 조상이야. 호모 사피엔스 사피엔스는 한 지역에 여럿이 모여 사는 집단생활을 하며 농사를 짓기 시작했어. 동굴 벽에 그림을 그렸으며, 점차 세계 곳곳으로 퍼져 나갔단다.

'슬기롭고, 슬기로운 사람'이라는 뜻이야.

동굴 생활과 원시 기호

"탁! 탁! 아주 좋아. 뾰족하게 잘 깨졌다!"
구석기 시대 사람들은 돌을 깨뜨려 도구로 사용했어. 돌로 만든 도구로 사냥도 하고 고기도 손질했어. 여럿이 무리 지어 동굴에 살면서 불을 피워 따뜻하게 하고, 음식과 도구를 만들고, 아이를 낳아 길렀지. 또 함께 사냥을 나가고, 사냥한 동물의 가죽을 벗겨 옷을 만들어 입었어. 아마도 이때 살던 사람들은 사자 가죽 팬티나 치타 가죽 치마를 입었을 거야.

그런데 말이야, 그들이 가장 중요하게 생각한 것은 무엇이었을까?

바로 먹을 것을 구하는 일이었어. 하지만 먹을거리를 구하는 일은 쉽지 않았을 거야. 여자들은 종일토록 풀뿌리나 나물을 캐고, 도토리, 밤, 호두 같은 열매를 모으러 다녔겠지. 남자들은 힘을 모아 사냥을 했을 거고.

"매머드를 잡아서 배불리 먹자."

남자들은 돌을 깨뜨려 뾰족하게 만든 화살촉이나 돌망치를 사용해 들소나 매머드, 멧돼지와 사슴 같은 동물을 잡으러 다녔어. 겨우 화살촉이나 돌망치를 가지고 날카로운 이빨과 발톱을 가진 동물들을 상대해야 했으니, 얼마나 위험했을까. 동물을 잡으러 갔다가 오히려 동물에게 잡아먹히기도 하고, 사나운 동물과 싸우다 다치기도 했을 거야. 에구, 안됐다!

"제발 사슴을 잡게 해 주세요."

 동물을 사냥했던 구석기 시대 사람들은 깊숙한 동굴 벽에 동물 그림을 그렸어. 소를 잡고 싶으면 소를 그리고, 사슴을 잡고 싶으면 사슴을 그렸지. 그 동물을 잡고 싶은 간절한 바람을 신비한 힘이 이루어 주기를 빌면서 말이야. 동물 그림뿐만 아니라 점과 선 같은 기하학적인 모양도 그려 넣었어.

 선사 시대에 그린 이런 그림들은 동굴 벽뿐만 아니라 산비탈의 바위나 돌멩이, 동물의 뼈에서도 발견된단다.

 이 그림들은 하나의 기호야. 그림을 그린 사람들의 생각이 담겨 있는 그림 기호.
 오늘날 우리들은 이 그림 기호를 보면서 그 시대의 삶을 추측하고 알아가. 학자들은 수수께끼를 풀듯 기호들의 의미를 해석하고 연구해. 이 그림은 어떤 이야기를 담고 있을까 상상하고 연상하면서 말이야. 어쩌면, 지금 네가 버린 장난감 조각, 담벼락에 몰래 한 낙서도 아주아주 먼 훗날에는 인류의 흔적으로 남을지도 몰라. 먼 옛날 고대인들이 그랬던 것처럼 말이야.

그렇다면 인류가 남긴 기호 중에서 가장 오래된 기호는 무엇일까?

흔히 구석기 시대 사람들이 남긴 동굴 벽화라고 말해. 구석기 시대 사람들이 그린 동물 그림은 에스파냐의 알타미라 동굴과 프랑스의 라스코 동굴 등 세계 곳곳에서 발견됐는데, 가장 유명한 것 중 하나가 프랑스에 있는 라스코 동굴 벽화란다.

라스코 동굴 벽화

"이 기호는 무슨 말을 하는데요?"

그림을 잘 보렴. 사슴, 산양, 소 같은 동물이 아주 많이 그려져 있어. 학자들은 동물 그림이 그 당시 수렵 생활을 기록한 것이라고도 하고, 사냥이 잘되기를 바라는 주술의 목적을 담아 그린 것이라고도 해. 동물 주변에 여러 개의 점 모양도 보이지? 그 점들이 무엇을 말하는지는 아직 확실하게 밝혀지지 않았어.

"음, 그러니까 원시 기호는 아직도 연구 중이네요."

그래, 맞아. 어쩌면 그 비밀을 밝히는 건 너희 몫일 수도 있겠지.

호기심이 발견한 라스코 동굴 벽화

1940년, 프랑스 도르도뉴 지방 몽티냐크라는 마을에 살던 마르셀은 자신의 개와 함께 평소 다니던 라스코 언덕길로 산책을 나갔어. 그러다 우연히 나무뿌리가 뽑혀 나간 자리에서 구멍을 발견했어. 잡초를 파헤치니 좀 더 큰 구덩이가 나타났지.

"무슨 굴이지? 혹시 중세로 가는 비밀 통로는 아닐까?"

소년 마르셀은 호기심 어린 목소리로 친구들과 이야기했어. 당시에는 중세 시대의 고성에 대한 전설이 많이 전해 내려왔거든. 그러니 혹시 그 동굴이 중세로 데려다주는 길은 아닐까 하고 상상할 수도 있지 않았겠어?

"우리, 모험을 떠나자!"

마르셀과 친구들은 램프를 가지고 다시 모여서는 먼저 돌을 던져 깊이를 가늠해 보았지. 그러고는 마르셀부터 차례로 굴속으로 내려갔단다. 아래로 내려가자 동굴이 넓어지면서 거대한 굴이 나타났는데, 글쎄 동굴 벽이 그림으로 가득하지 뭐야!

"여기, 여기, 그림이 있다!"

이렇게 호기심 강한 소년들 덕분에 라스코 동굴 벽에 그려진 동물 그림이 세상 사람들에게 알려지게 된 거야.

옛사람들의 생각이 담긴 기호

"내일은 어떤 옷을 입을까?"

우리는 옷으로 나만의 개성을 표현하기 위해서 신경을 많이 쓰잖아.

그럼 원시 사회에서는 어땠을까?

글쎄…… 생각해 보니 그때는 옷으로 자신을 표현한다는 생각은 꿈도 못 꿨을 것 같아. 추위에 얼어 죽지 않으려고, 혹은 야생 동물로부터 몸을 보호하려고 짐승 가죽을 몸에 두르는 정도였을 거야. 살아남는 것 자체가 무엇보다 큰일이었을 테니까. 그러니까 살아남는 데 기본이 되는 것만 하고 살았을 거란 말씀!

"살아남는 데 기본이 되는 게 뭔데요?"

음, 그게 뭘까? 사람이 살아가려면 의식주가 기본인데, 그중에서도 우선은 먹어야 하니까, 무엇보다도 먹는 게 가장 중요하지 않을까?

지금이야 직접 해 먹거나 사 먹거나 먹을거리가 흔한 편이지만, 온갖 어려움에 맨몸으로 부딪치며 먹을 것을 마련해 온 원시 사회 사람들이라면 어땠을까?

하루하루 먹을거리를 구하는 게 크나큰 숙제였을 거야.

그래서 원시 사회에서는 사람이 먹을 곡식을 자라게 해 주는 비나 태양 같은 자연물과 먹을거리가 되어 주는 동물을 신처럼 우러러 모시고 떠받들

었단다. 온 세상에서 가장 소중한 하나뿐인 생명을 유지하게 해 주니까! 한편으로는 시시각각 변화무쌍한 자연 현상과 사람과는 다른 능력을 지닌 동물들을 두려워하는 마음으로 숭배하기도 했지.

신성하고 경이로운 자연물과 동물들을 우러러 공경하면서, 신령한 존재인 신이나 자연물에 대한 이야기, 즉 신화도 만들었단다.

"해는 왜 아침에 떠서 저녁에 질까?"

"비는 왜 하늘에서 내릴까?"

왜 그런지 끊임없이 생각하다 보니 어느새 이야기가 되었고, 그 이야기들이 구석기 시대, 신석기 시대, 또 그 뒤 시대로 이어지면서 여러 사람의 생각이 계속 덧붙고 덧붙어, 자연스럽게 신성한 신화로 자리 잡았단다.

이런 신화 속 이야기는 상징으로 가득해. 태양은 창조신 혹은 거룩함을 나타내고, 비는 풍작과 풍요로움을, 나무는 우주를 상징하는 식으로 말이야. 동물들도 각각의 상징을 지녔어. 동물의 타고난 본성에 인간적인 성격을 덧붙였지. 곰은 강한 힘과 인내심, 재규어는 날렵함, 호랑이는 용맹함……, 이런 식으로.

상징이 뭐냐고? 조금 어렵지만 누구나 쉽게 '비둘기' 하면 '평화'를, '하트 모양' 하면 '사랑'을 떠올리는 것처럼 어떤 생각이나 개념을 떠올리게 하는 일종의 기호란다. 태양이나 비, 나무에서 자연물을 넘어선 의미, 그러니까 '거룩함'이나 '풍요'나 '우주'라는 의미를 우리 머릿속에서 인식하는 거지.

그럼, 신화에서 탄생한 기호에 대해 좀 더 자세히 살펴볼까?

세상을 창조한 신의 상징 - 태양 기호

옛날 사람들은 세상 모든 만물이 쑥쑥 자랄 수 있게 따뜻한 빛을 내려 주는 태양을 생명의 근원이라고 여겨 숭배했어. 태양 자체를 최고신으로 받들기도 하고 왕권과 신성한 권력의 상징으로 여기기도 했지.

이집트 신화에서는 태양신 라가 신들 중에서 최고의 신이야. 머리에 태양을 얹은 인물로 표현되는 태양신 라는 배를 타고 하늘을 가로지르며 여행을 했다고 해. 이 여행은 12시간이 걸리는데, 아침이면 동쪽에서 떠올라 서쪽으로 움직이며 세상에 밝은 빛을 준대.

"태양신이 우주의 질서를 다스린다."

이집트 사람들은 이렇게 믿었어.

"나는 태양신의 아들이다!"

이집트의 왕 파라오들의 말이야. 태양신이 우주를 다스리듯이 파라오는 인간 세상의 질서를 다스린다고 생각했지.

"태양신께 제물을 바칩니다."

잉카나 마야에서도 태양을 최고신으로 숭배했어. 그들은 사람의 심장을 제물로 바치기도 했단다. 태양도 생명이 있어서 사람의 심장을 먹어야만 빛을 잃지 않고 계속 살 수 있다고 믿었거든. 좀 무시무시하지?

우리나라에서도 태양을 우러렀어. 단군 신화나 고구려 신화, 신라 신화를 보면 모두 하늘과 연관되어 있어. 《삼국유사》에 나오는 단군 신화를 보면, 하늘을 다스리는 신인 환인의 아들 환웅이 인간 세상을 구하려고 3,000명의 무리를 이끌고 세상에 내려왔다고 해. 환웅이 곰에서 여자로 변한 웅녀를 부인으로 맞아 낳은 아이가 바로 단군인데, 우리 민족의 시조이자 고조선을 세운 사람이야.

"우린 하늘의 자손이다!"

맞아! 단군 신화의 단군도, 고구려 신화의 주몽도, 신라 신화의 박혁거세도 하늘의 자손이니까 그 자손인 우리도 당연히 하늘의 자손이지.

"이집트의 파라오와 다를 게 없네요."

그래. 사실 이집트와 우리나라뿐만 아니라 세계의 거의 모든 지역에서 태양을 숭배했단다.

"거룩한 태양을 여기에 새겨야겠어."

그렇게 옛날 사람들은 바위나 돌에 태양 무늬를 그려 넣었어.

"태양신이시여, 우리를 보살피소서!" 하는 바람을 담아서.

울주군 천전리 각석에 있는 원 모양

그래서 태양 무늬는 세계 여러 곳에서 발견된단다. 우리나라에도 바위에 새겨진 태양이 있어. 울산 울주군 천전리 각석에 태양을 상징하는 듯한 둥근 무늬가 있거든.

옛날 사람들은 태양을 둥그런 원으로 그리거나 뱅글뱅글 돌아가는 원으로 그렸어. 그냥 원만 그리기도 하고, 반짝임을 나타내기 위해 원 바깥에 선을 그리거나, 원 안에 여러 무늬를 그리기도 했지. 무늬는 달라도 모양은 모두 둥글어. 지금 우리들이 표현하는 태양과 별로 다르지 않지? 그러니까 말이야, 옛날 사람들의 생각과 현대 사람들의 생각이 비슷하다고 볼 수도 있는 거야.

[세계 여러 나라의 태양 무늬]

아즈텍의 달력, 태양의 돌

태양의 돌은 고대에 태양신을 믿었던 아즈텍 사람들의 우주관을 기록해 놓은 돌로 '아즈텍의 달력'이라고도 불러. 태양의 돌에는 우주가 큰 주기로 흥망을 되풀이해 왔다는 아즈텍 사람들의 생각이 담겨 있어. 세상이 만들어진 뒤 지금까지 태양 시대가 네 번 지났고, 지금은 다섯 번째 태양 시대라고 해. 태양의 돌을 자세히 보면 중앙에 태양신이 있고 그 바깥 원에 네 개의 사각형이 있는데, 이 사각형이 이미 지나간 네 개의 태양 시대를 상징한다고 해. 네 번의 태양 시대가 어떻게 멸망했는지, 지금 우리가 사는 다섯 번째 태양 시대에 대해서는 어떻게 예언했는지, 아즈텍 사람들의 말을 들어 볼까?

태양의 돌

첫 번째 태양 시대
거인들이 지배하던 세상이었는데, 재규어라는 괴물 신에 의해 완전히 멸망했어. 태양도 죽었지.

두 번째 태양 시대
바람에 모든 것이 휩쓸려 날아가고 인류는 원숭이가 되는 저주를 받았어. 두 번째 태양도 죽었지.

세 번째 태양 시대
하늘에서 내리는 불비(화산과 용암)에 의해 멸망했고, 세 번째 태양도 죽었어.

네 번째 태양 시대
엄청나게 큰 홍수로 멸망했지. 사람은 물고기로 변하는 저주를 받았고, 네 번째 태양도 죽었어.

다섯 번째 태양 시대
지금 우리가 사는 시대야. 큰 지진이 일어나 멸망할 것이라고 예언되어 있어.

풍요의 상징 - 비 기호

신석기 시대에 이르자 사람들은 농사를 짓기 시작했어. 자연스레 농사에 없어서는 안 되는 비를 신성하게 생각했지. 알맞은 때에 비가 적당히 내려야 애써 심은 농작물이 잘 자라 풍성한 수확을 할 수 있으니까. 만약 오래도록 비가 내리지 않으면 농작물이 바싹 말라 죽을 거 아냐. 그러니 비가 얼마나 소중해? 날씨와 계절의 변화 원리를 알 수 없었던 고대 사람들에게 비는 풍요로운 생산을 상징했어.

아래 그림은 신석기 시대에 사용한 빗살무늬 토기야. 토기에 줄이 죽죽 그어진 게 보이지?

"꼭 비가 내리는 것 같아요!"

와우, 놀라운 발견인걸. 학자들은 쭉쭉 그은 줄은 하늘에서 내리는 비를 나타낸 것이고, 지그재그로 그은 줄은 물결이 출렁이는 것을 나타낸 거라고 추측한단다.

"비가 적당히 내려 농사가 잘되게 해 주세요!"

곡식이나 음식을 담을 항아리를 만들면서도 비가 내리기를 바라는 간

빗살무늬 토기

절한 마음을 표현한 거지. 빗살무늬 토기는 서울 암사동을 비롯해서 우리나라 곳곳에서 발견됐단다. 그뿐만 아니라 이렇게 비와 관련된 무늬가 있는 토기는 세계 여러 곳에서 찾아볼 수 있어. 무늬가 조금씩 다르지만 모두 하늘에서 떨어지는 비를 나타낸단다.

우리나라의 단군 신화에도 단군의 아버지인 환웅이 하늘에서 땅으로 내려올 때 바람신 풍백, 구름신 운사, 비의 신 우사를 데리고 오는데, 이들도 모두 비와 관련되어 있어. 구름이 있어야 비가 내릴 테고, 바람은 그 구름을 옮겨 주니까. 우리 조상들도 이렇게 비를 중요하게 생각했어.

[세계 여러 나라 토기에 새겨진 비와 관련된 무늬]

영원한 삶, 거대한 우주의 상징 - 나무 기호

"위로 위로 쑥쑥 자라 하늘까지 닿아라."

땅에서 하늘을 향해 쭉쭉 솟아오르며 크는 나무도 숭배의 대상이었어. 하늘을 섬기는 사람들에게는 당연했을 거야. 땅에 뿌리를 내린 것 중에서 하늘에 가장 가까이 다가가는 게 나무니까.

나무는 봄이면 푸른 잎이 나고, 꽃이 피고, 가을이면 잎이 지는 일을 계속 반복해. 또 열매도 주기적으로 열리지. 그걸 보고 사람들은 나무가 죽었다가 다시 살아난다고 믿었어. 마치 해가 뜨고 지는 것처럼. 한마디로 나무를 부활할 수 있는 생명이라고 여긴 거야. 사람들에게 나무는 삶과 죽음과 부활을 나타내는 상징이자 신성한 존재였어.

<물푸레나무, 이그드라실>, 프리드리히 빌헬름 하이네, 1886

"거룩한 나무 신이시여, 굽어살펴 주소서!"

이런 생각이 신화에도 고스란히 담겨 있어. 옛날 사람들은 나무가 세계를 상징한다고 생각해서 우주를 거대한 나무로 보기도 했거든.

북유럽 신화에는 이그드라실이라고 부르는, 당시 북유럽 사람들이 귀하게 여기던 거대한 물푸레나무가 등장해. 모든 나무 가운데

가장 크고 튼튼한 이 나무는 꼭대기는 하늘에 닿아 있고 줄기와 가지는 온 세상으로 뻗어 있으며 뿌리는 지하 세상으로 파고들어 가 있는데, 북유럽 사람들은 이 나무가 세계를 지탱한다고 믿었어. 그래서 이그드라실을 세계 나무, 우주 나무라고도 불렀단다. 이그드라실은 게르만 어로 '오딘의 말(馬)'이라는 뜻인데, 북유럽 신화 속 신들의 왕인 오딘이 아흐레 동안 이 나무에 매달려서 세상에 대한 지혜를 얻었다는 신화 때문에 붙여진 이름이야. 신화 속 이야기가 사람들 머릿속에 확고하게 자리 잡으면서 이그드라실 하면 그 자체가 세계 혹은 우주를 상징하는 것으로 생각했단다.

북유럽 신화에만 이런 나무가 나오는 것은 아니야.

중국에도 나무가 하늘로 오르는 사다리 역할을 한다는 신화가 있어. 또 시베리아 샤먼들도 나무를 타고 죽은 자의 영혼이 있는 곳을 오르내릴 수 있다고 믿었어.

우리나라의 고구려 벽화에도 하늘과 인간을 이어 주는 하늘 나무(우주수)가 그려져 있는데, 본 적 있니? 모습이 좀 독특해서 쉽게 찾을 수 있을 거야. 그 나무도 하늘로 오르는 사다리 역할을 하는 나무란다.

각저총의 씨름도에 나오는 우주수(宇宙樹)

월계수가 된 다프네

올림픽 대회에서는 마라톤 우승자에게 월계관을 씌워 주잖아. 승리, 영광, 명예를 상징하는 월계관. 이런 전통은 언제 생겼을까? 그리스 신화를 볼까?

어느 날 태양신 아폴론이 사랑의 화살을 쏘는 에로스의 활솜씨를 놀렸어. 화가 난 에로스는 아폴론에게 사랑의 화살을 쏘았지. 에로스의 화살을 맞으면 사랑을 하지 않고서는 견딜 수가 없단다. 아폴론은 마침 곁에 있던 아름다운 요정 다프네를 보고 사랑에 빠졌고, 그날부터 다프네를 쫓아다녔어.

"다프네, 나의 사랑을 받아 주오!"

하지만 다프네는 아폴론을 사랑할 수 없었어. 에로스가 다프네에게는 증오의 화살을 쏘았거든.

"난 당신이 정말 싫어요. 제발 가까이 오지 마요."

아무리 쫓아다녀도 소용이 없자 아폴론은 억지로 다프네를 끌어안으려 했어.

"아버지, 제발 도와주세요."

다프네의 다급한 목소리에 아버지인 강의 신 페네오스가 나섰어.

"사랑하는 내 딸아, 나무가 되어 아폴론에게서 벗어나라."

결국 다프네는 아폴론이 막 안으려는 순간 월계수가 되었단다. 아폴론은 슬퍼하며 월계수 잎사귀로 왕관을 만들어 쓰고 다녔어. 고대 그리스 사람들은 태양신을 기리는 의미로 월계관을 만들어서 올림픽 우승자에게 주었다고 해.

사람에게는 없는 동물의 특별한 능력 - 동물 기호

자연 속에서 동물을 잡아먹기도 하고, 동물에게 쫓기기도 하면서 동물과 함께 뒤엉켜 살았던 옛날 사람들은 동물들에 대한 생각이 각별했어. 동물들은 사람들의 삶에 직접적인 영향을 미치는 존재였으니까. 사람 가까이에서 이로움을 주는 동물들에게는 친근감을 느꼈고, 사람보다 훨씬 힘이 센 동물들에게는 두려움과 위압감을 느꼈지.

각각의 동물이 갖고 있는 특성이나 장점을 신격화하면서 동물들도 일종의 상징으로 자리 잡았어. 사람들은 자신에게는 없는 동물의 능력을 우러르며 두려워하기도 하고 떠받들기도 하였어. 동물이 행운이나 불행을 가져다준다고 믿거나, 힘과 지혜를 알려 준다고 믿었지.

사람들은 동물의 모습을 본떠 만든 가면을 쓰고 사냥도 하고 춤추며 놀기도 했어. 사람이 죽으면 동물로 다시 태어난다고 믿는 사람들은 동물 가면을 쓰고 조상신을 만나려고도 했어. 부족마다 나라마다 섬기는 동물이 조금씩 달랐단다.

우리나라는 곰의 자손이라고 하여 곰을 섬겼어. 단군 신화에 나오는 내용이야. 아주 먼 옛날, 사람들이 동굴에서 살던 시절에 가장 많이 마주쳤던 동물 중 하나인 곰은 덩치도 크고 사나워서 사람들에게 공포의 대상이 었을 거야.

"곰은 무시무시한 동물이야!"

이런 공포심이 오히려 경외심을 가져다주었지.

힌두교를 믿는 사람들은 소를 가장 신성시했는데 왜 그런 줄 알아? 소가 날마다 맛있는 우유와 치즈를 제공해 주기 때문이지. 인도의 여러 신 중 중요한 위치에 있는 시바 신이 타고 다니던 동물이기도 하고.

"나도 재규어처럼 되고 싶어!"

중앙아메리카 사람들은 큰 동물도 단숨에 쓰러뜨리는 재규어의 날렵함을 신성시했어. 그래서 재규어 가면을 쓰고 사냥을 나갔단다. 재규어처럼 단숨에 동물을 잡고 싶었으니까.

이집트에서는 쇠똥구리를 신격화하고 섬겼어. 쇠똥구리가 아침마다 동물의 똥을 동그랗게 뭉쳐서 굴리는 것이 태양신 라가 태양을 옮기는 모습과 비슷하다고 여겼기 때문이야. 그래서 쇠똥구리는 태양을 상징하는 기호가 되었단다.

땅에 있는 동물뿐만 아니라 날아다니는 새도 숭배의 대상이었어.

이집트에서는 매를 새 중의 왕으로 여겨 숭배했는데, 태양신 라의 얼굴도 매의 모습이란다. 유럽에서는 신의 전령사라고 생각해 독수리를 숭배했지.

우리나라에서도 새를 수호신이라고 생각했어. 혹시 솟대를 본 적이 있니? 긴 장대에 나무로 만든 새를 얹어 놓은 건데, 옛날 사람들은 이 솟대를 마을 어귀에 세워 놓고 소원을 빌었어. 솟대 위에 있는 새가 하늘에 소망을 전해 준다고 믿었거든.

솟대

"왕은 용이다!"

실제로 존재하진 않지만 상상 속의 동물을 숭배하기도 했어. 중국이나 우리나라에서는 전설의 동물인 용을 왕과 동일시하며 섬겼어. 용은 하늘과 땅을 마음대로 오가고, 비를 내리게 하고, 여의주로 마술을 부릴 수도 있는 대단한 능력자이기 때문이야. 왕을 용이라고 한 것은 왕이 최고의 권력과 영광을 가지고 있기 때문이야. 하지

만 서양에서는 달라. 기독교 전통이 강한 서양에서는 용을 뱀과 비슷하게 생각해서 나쁘게 여겼거든.

　이렇게 같은 대상이라도 지역에 따라 완전히 반대되는 뜻을 지닌 것도 있단다. 세상은 넓고 넓으니 어느 특정한 곳에서 싹튼 생각이 지역에 따라 뜻이 달라질 수도 있는 거잖아.

코브라를 닮은 나가

사원을 지키는 나가

　힌두 신화에 나오는 용 '나가'는 다른 용과는 달리 머리가 하나가 아니라 여러 개야. 나가(naga)라는 말은 원래 산스크리트 어로 뱀, 특히 코브라 같은 독사를 가리키는 말이야. 이름대로 나가는 머리를 치켜들고 목을 크게 부풀린 코브라와 비슷하게 생겼어. 우산 모양의 목이 다섯 개인 것도 있고, 일곱 개인 것도 있지. 나가는 대개 강한 독을 지녀 악마로 생각하지만 신으로 받든 나가도 있단다. 훌륭한 신들과 친구로 지내다 불사의 몸으로 변한 나가들이지. 이런 나가는 주로 사원을 지키는 일을 맡아.

신에 대한 믿음을 기호로

"사람은 어떻게 이 세상에서 살게 되었어요?"
"왜 낮과 밤이 있죠?"
"바람은 왜 불어요?"

원시인들은 이런 것들을 도저히 설명할 수 없었어. 세상이 어떻게 만들어졌는지, 또 어떤 이치로 돌아가는지 아무리 해도 알 수 없었거든. 하지만 어떻게든 답을 찾고 싶었지. 그래서 신을 생각해 내고, 신에게 위대한 힘을 부여하는 방법으로 이런 것들을 설명했어.

"신께서 이 세상 모든 것을 만들었고, 세상을 돌아가게 한단다. 사람도 신이 흙으로 만들어 숨결을 불어넣었고, 바람도 신이 불게 하는 거야."

이렇게 원시 종교는 자연을 움직이는 초자연적이며 절대적인 힘을 믿고 의지하면서 시작되었단다.

세월이 흐르면서 종교는 조금씩 달라지고 다양해졌어. 자연에 대한 이치를 설명하기보다는 점차 미래에 대한 두려움을 푸는 식으로 발전했지.

"죽음은 끝이 아닐지도 몰라. 신이시여, 죽은 뒤에도 다시 살 수 있게 해 주세요."

"아픔에서 벗어나게 해 주세요."

사람들은 이런 것들을 신에게 빌었단다.

신을 믿고 모든 것을 의지하기 위해 신에게 좀 더 구체적인 힘을 부여하고, 신앙 체계를 더 견고하게 다듬었지. 그래서 신과 사람 사이에서 중개 역할을 하는 성직자들도 생겨났고, 각 종교를 상징하는 기호도 생겨났어.

세계에는 많은 종교가 있어. 그리고 종교마다 특별한 의미를 지닌 기호가 있어. 사람들은 그 기호를 통해 종교를 알리고, 교리를 지키게 한단다.

불교의 기호 卍

불교를 나타내는 기호는 卍(만)이야. 불교를 믿는 사람들은 석가모니의 가르침을 믿고 따르지. 불교를 처음 창시한 석가모니가 모든 생명은 귀하므로 함부로 죽이면 안 되고, 나쁜 일을 하면 안 된다고 했어. 또 마음을 잘 다스리고 깨달음을 얻으면 누구나 부처가 될 수 있다고 했지.

"나무아미타불 관세음보살."

卍이 어떻게 불교를 상징하는 기호가 되었느냐고?

석가모니가 깨달음을 얻기 위해 보리수나무 아래에서 수행할 때, 그 옆을 지나는 사람이 풀을 한 줌 주었어. 끝이 卍 자 모양으로 생긴 길상초라는 풀이야. 길상이란 복되고 좋은 일이 있다는 뜻을 가진 말이란다.

석가모니는 그 풀을 깔고 앉아서 수행을 하다 깨달음을 얻었어. 그 뒤로 석가모니를 표현할 때 가슴, 손, 발 등에 상서로운 기운을 가지고 있는 卍 자를 그려 넣게 되었고, 그것이 불교를 상징하는 기호가 된 거야. 요즘도 지도에 절을 표시할 때 卍 자를 써넣어. 사회과 부도를 펴 지도를 보면 금방 알 수 있을 거야. 하지만 인도와 멀리 떨어진 곳의 아메리칸 인디언들은 卍 자가 태양을 상징하며 사계절을 뜻한다고 믿었단다.

원효 대사와 해골 물

원효 대사는 불교의 대중화에 크게 공헌한 신라 시대의 고승이야.

원효 대사가 불교를 더 깊이 공부하려고 당나라로 유학을 가려던 때의 일이야. 해가 저물어 어두워지자 하루 묵으려고 움막같이 생긴 곳으로 들어갔어.

"아, 고단한 하루였어."

원효 대사는 금세 깊은 잠에 빠져들었지. 그런데 목이 너무 말라 잠에서 깼지. 둘레둘레 살폈더니 머리맡에 있는 바가지에 물이 담겨 있지 뭐야.

"음, 물이 꿀처럼 달고 맛있군."

원효 대사는 물을 벌컥벌컥 마시고 다시 잠이 들었어.

그런데 아침에 일어나 보니, 움막인 줄 알았던 곳은 누군가 파헤친 무덤이고, 자신이 마신 시원한 물은 해골바가지에 담긴 썩은 물이지 뭐야.

"우엑, 우에엑! 우웩!"

원효 대사는 구역질을 하다가 문득 깨달음을 얻었단다.

'어젯밤에는 물이 꿀처럼 달고 맛있었는데, 썩은 해골 물이라니? 아! 세상 모든 것은 마음먹기 나름이구나!' 하고 말이야.

기독교의 기호 ✝

기독교를 나타내는 기호는 ✝(십자가)야. 기독교는 하나님을 믿는 종교인데, 기독교의 상징인 ✝는 예수의 고난과 희생, 부활을 의미해. 성경에 따르면 예수는 세상 사람들을 죄에서 구원하기 위해 십자가에 못 박혀 돌아가셨는데, 죽은 지 사흘 만에 부활했다고 해. 기독교에서는 신과 인간에 대한 사랑이 중요하다고 가르쳐.

"예수님이 죽은 자 가운데서 다시 살아나셨다."

기독교를 믿는 사람들은 십자가에 못 박혀 돌아가신 예수의 희생을 기리면서 ✝를 기호로 사용하기 시작했어. ✝는 모양이 여러 가지지만 상징하는 것은 똑같단다.

그런데 말이야, 기독교가 생기기 전, 고대 사람들은 ✝가 동서남북 같은 방향을 가리킨다고 믿었어.

"✝는 태양을 상징하는 기호야!"

이렇게 믿기도 했고, 어떤 지역에서는 마법의 상징으로 보기도 했단다.

미켈란젤로의 피에타상

<피에타>, 미켈란젤로, 성 베드로 대성당, 1499

예수가 십자가에 못 박혀 죽은 뒤 성모 마리아는 죽은 아들을 무릎 위에 안고 슬퍼했는데, 이 장면을 그림이나 조각으로 표현한 작품을 피에타라고 한단다. 피에타는 이탈리아 어로 '자비를 베푸소서.'라는 뜻이야.

16세기에 활동했던 이탈리아의 천재 예술가 미켈란젤로도 피에타상을 조각했어. 그가 세상에 이름을 알리기 전 가난한 예술가였던 20대 중반의 일이야. 어느 대리석 가게 앞을 지나던 미켈란젤로는 커다란 대리석 원석을 발견했어. 가격을 묻는 그에게 대리석 주인이 말했지.

"저 대리석은 거저 주겠소. 지난 10여 년간 아무도 거들떠보지 않은 돌덩어리요. 가게는 비좁은데 공간을 다 차지하고 있으니 여간 골칫거리가 아니라오."

미켈란젤로는 대리석을 자신의 작업장으로 옮기고는 1년 넘는 작업 끝에 그 유명한 걸작을 탄생시켰단다. 조각은 불필요한 부분을 제거하는 과정이라고 생각했던 미켈란젤로는 이 피에타상을 완성한 후에 이렇게 말했지.

"원래 저 대리석에 어머니 무릎에 누운 예수의 모습이 들어 있었소. 나는 단지 예수가 시키는 대로 불필요한 부분을 쪼아 냈을 뿐이라오."

이슬람의 기호 ☪

☪은 이슬람교를 상징하는 기호로 별과 초승달을 합친 모양이야. 이슬람교는 알라를 믿는 종교야. 알라는 이슬람교의 전능한 신인데, 이슬람교를 믿는 사람들은 알라가 세상 모든 걸 만든 유일한 신이라고 믿지.

"알라신을 믿습니다."

이슬람교를 믿는 사람들은 알라의 가르침에 따라 살기를 원하지. 알라의 가르침은 이슬람교의 경전인 쿠란에 담겨 있어.

"이슬람교의 별과 초승달 기호 ☪은 어떻게 생겨났어요?"

무함마드가 알라신의 계시를 받을 때 하늘에 초승달과 별이 떠 있었대. 그래서 달과 별이 이슬람교를 상징하는 기호가 되었단다.

하루에 다섯 번 예배드리는 이슬람교

이슬람교를 믿는 사람들은 해의 움직임에 따라 해가 뜰 때, 정오, 오후, 해가 질 때, 밤, 이렇게 하루에 다섯 번 예배를 드려. 새벽 동이 터 올 무렵 검은 실과 흰 실이 구분되기 시작할 때, 하루 중 해가 하늘 한가운데에 있을 때, 해가 기울기 시작하여 햇빛이 노래지기 시작할 때, 해가 막 떨어진 뒤에, 완전히 어두워져서 흰 실과 검은 실이 구분되지 않을 때. 이렇게 다섯 번 예배를 드리는 건 쿠란에 그리 하라고 적혀 있기 때문이야.

쿠란을 외우고, 반절을 하고, 몸을 굽혀서 큰절을 하는 게 예배의 기본이야.

도교의 기호 ☯

음과 양이 어우러져 만물을 결합시키는 ☯(태극)은 도교의 상징 기호야.
"사람은 자연의 이치에 따라 살아가야 하오!"
도교는 고대 중국에서 발생했는데 자연의 순리에 따라 조화롭게 살아가는 걸 추구해. 도교에서는 세상이 음양의 조화에 따라 돌아간다고 믿지. 음양은 어둠과 밝음, 여자와 남자 등 서로 반대되면서도 조화로운 기운이라고 앞에서 알려 준 거 기억하지?

도교에서는 젊음을 유지하며 죽지 않고 오래오래 살 수 있는 신선의 존재를 믿었어. 도교를 믿는 사람들은 복잡한 세상을 떠나 산속에서 도를 닦으면서 영원히 살 수 있는 신선이 되기를 소망한단다.

도교의 최고신 옥황상제

도교가 다른 종교와 다른 점 중 하나는 신앙의 대상으로 삼는 신이 셀 수 없이 많다는 점이야. 우리에게 익숙한 이름인 옥황상제도 도교의 신 중 하나야. 도교에서는 최고신의 위치나 개념이 절대적이지 않고 자주 바뀌어. 5세기경에는 태상노군, 6세기부터는 원시천존을 최고신으로 대접했는데, 중국 송나라 진종 때부터 옥황상제를 최고신으로 숭배했어. 옥황상제는 인간의 행복과 불행, 수명을 관장하는데, 도교 경전에는 사람이 1만 번의 선행을 하면 옥황상제가 된다고 나와 있어.

역사를 읽는 기호
반구대 바위그림

한반도에 살던 인류가 남긴 기호 바위그림,
반구대 바위그림을 보고
먼 과거로 시간 여행을 떠나 볼까?

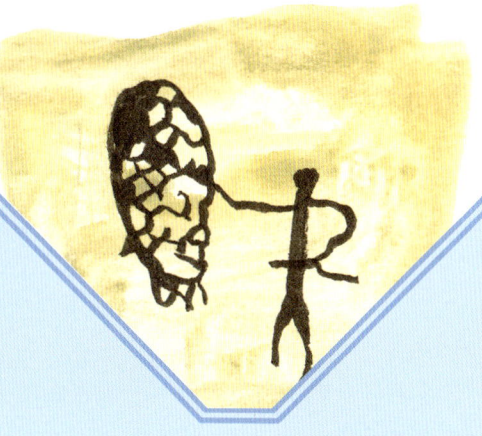

한반도에 들어온 사람들

한반도에 처음 들어온 인류는 불을 사용하기 시작한 호모 에렉투스야.

"불을 가지고 여길 떠나자!"

아프리카에서 살던 호모 에렉투스는 아주 길고 긴 여행을 시작했어. 그들은 불을 다룰 수 있었기 때문에 추운 시베리아 지역까지 이동했고, 추위를 견뎌 내며 정착할 수 있었어. 그들 중 일부는 또 다른 보금자리를 찾아 다시 길을 떠났지.

"더 내려가 보자."

그들은 불을 가지고 바람이 많은 몽골의 벌판으로 왔다가, 우리나라까지 오게 되었어.

그러니까 불이 인류를 넓게 퍼뜨린 거야. 불은 이동할 때에도 정착 생활을 할 때에도 큰 도움을 주었으니까. 불은 어두운 동굴을 환하게 밝혀 주고, 맹수와의 싸움에서 이길 수 있게 해 주었어. 음식을 불에 익혀 먹을 수도 있었지. 그 결과 사람들은 영양 섭취를 잘 할 수 있었고, 머리도 훨씬 좋아졌단다.

"불씨를 꺼뜨리지 마라!"

호모 에렉투스는 날마다 이 숙제를 해야 했을 거야. 에구, 엄청 힘들었겠다.

한반도에 들어온 사람들은 초기에는 동굴에서 살다가 물가로 내려와 정착하여 농사를 지었어. 핏줄이 같은 씨족끼리 모여 땅 위에 움집을 짓고서 말이야. 농사를 짓고 움집에서 거주하기 시작한 건 신석기 시대의 일이야. 자연에 의존하던 삶에서 벗어나 자연을 이용해서 생산을 하기 시작하던 때이지.

　그런데 그즈음에 살던 사람들이 한 일이 또 있어. 바로 바위에 그림을 그린 거야. 이 바위그림들 덕분에 우리는 당시 사람들이 어떤 생활을 하고, 어떤 생각을 했는지 짐작할 수 있단다. 지금부터 그 이야기를 시작할게.

왜 바위에 기호를 새겼을까?

"아휴, 배고파 죽겠어!"

물가에 정착하여 농사를 짓기 시작했지만 그 당시에는 수확이 그리 많지 않았어. 농사짓는 기술이나 농기구가 지금처럼 발달하지 않았거든. 그러니 먹을 것이 늘 부족해 배불리 먹을 수가 없었지. 특히 겨울이 되면 곡식이 바닥나 사냥을 하거나 바다에 나가 고기를 잡아야만 했어.

"두 밤 자고 바다로 나갑시다!"

"이번엔 꼭 커다란 고래를 잡아야 할 텐데……."

사람들은 자신들의 간절한 소망을 바위에 새겼어. 단단한 바위를 뾰족한 것으로 긁거나 쪼아서 그림을 그리고는, 지성으로 빌었지.

"고래를 잡을 때는 작살을 정확하게 꽂아야 해."

그리고 그림을 통해 아이들에게 고래 잡는 기술을 가르쳤어. 바다에서 집채만 한 고래를 잡는 것은 아주 위험한 일이라, 잡는 방법을 정확히 익히며 조심해야 했거든. 그러니까 바위그림에도 동굴 벽화처럼 사람들의 소망과 숭배 의식, 가르침의 목적이 담겨 있단다.

바위그림은 여러 곳에 있지만 우리나라에서 가장 유명한 것은 울산 반구대에 있는 바위그림이야. 이 바위그림에는 고래를 잡는 모습뿐만 아니라 호랑이, 사슴, 멧돼지, 거북 같은 동물과 사람, 가면 등 여러 가지가 그려져 있어.

바위그림이 오랜 세월이 지난 지금까지도 남아 있는 건 단단한 돌에 새겼기 때문이야. 그 덕분에 우리는 아주 오래전에 이 그림을 새긴 옛날 사람들의 삶의 모습을 들여다볼 수 있단다.

무얼 그렸을까?

울산 대곡리 반구대 바위그림

풍년을 기원하며 그린 울산 천전리 각석

바위그림은 울산 울주군 천전리에도 있고, 여수 오림동에도 있고, 포항에도 있어. 반구대 바위그림에는 고래를 잡는 모습이 많지만 다른 곳에 있는 바위그림은 그렇지 않아. 청동기 시대부터 신라 시대까지 오랜 시간에 걸쳐 만들어진 천전리 바위그림에는 동그라미, 마름모, 물결, 번개 같은 무늬가 있어. 이 무늬가 어떤 의미를 담고 있는지는 확실하게 알지 못하지만, 동그라미는 태양, 물결은 물, 마름모는 아기를 낳은 여자 등을 의미하지 않을까 추측하지. 모두 농사를 짓던 시대에 중요하게 생각했던 것들이야. 그러니까 천전리 바위그림은 농부들이 풍년이 들기를 기원하며 새겼을 거야. 돌에 글씨나 무늬를 새긴 바위그림을 각석이라고도 하는데, 천전리 각석은 1973년에 국보 제147호로 지정되었단다.

울주군 천전리 각석

바위그림으로 알아보는 고래잡이

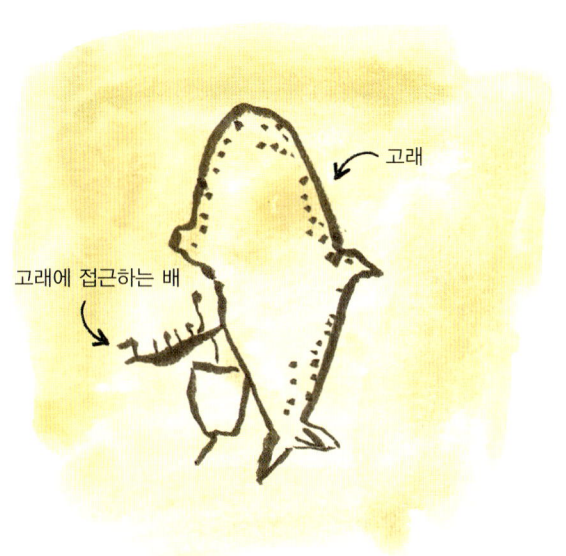

고래
고래에 접근하는 배

왼쪽의 바위그림을 자세히 봐. 여러 사람이 작은 나룻배를 타고 고래를 잡으러 가고 있지?

아무리 사냥을 잘하는 사람이라도 혼자 고래를 잡지는 못할 거야. 고래는 덩치가 아주 크니까. 고래 종류 중에서 흰긴수염고래는 세상에서 가장 큰 동물로 손꼽혀.

커다란 고래가 꼬리로 한번 탕 내려치기만 해도 배가 박살 나고 말걸. 그렇게 위험하니까 서로 힘을 합쳐서 잡아야 해. 눈이 좋은 사람은 뱃머리에서 고래가 있는지 살피고, 힘이 센 사람은 작살을 잡고, 다른 사람들은 배가 방향을 잘 잡을 수 있도록 노를 저었을 거야.

"저기 고래가 있다."

망을 보는 사람이 소리치면 모두 정신을 바짝 차리고 힘껏 노를 저어 고래가 있는 곳으로 다가갔겠지. 그럼 작살잡이가 펄쩍 뛰어오르며 고래 등에 작살을 꽂았을 테지. 작살에 묶어 놓은 줄이 팽팽히 당겨지면 고래와 한판 싸움이 시작되는 거야.

고래를 잡는 사람

"줄을 풀어라!"

사람들은 줄이 팽팽해지면 배가 뒤집히지 않도록 줄을 풀어 주고, 느슨해지면 당기며 고래가 힘이 빠질 때까지 싸움을 하며 고래를 잡았어.

작은 나룻배를 타고 고래를 잡다니 놀라운걸? 참, 대단한 사람들이야.

그런데 고래를 왜 잡았냐고? 그야 먹을 것이 부족했기 때문이지. 고래를 잡아 고기는 먹고, 기름은 불을 밝히고, 수염 같은 것은 생활용품으로 썼어.

커다란 고래를 잡으면 모래사장으로 끌어 올려 고래 몸에 줄을 죽죽 그었어. 마을 사람들이 힘과 지혜를 모아 고래를 잡았으니 함께 나눠 먹으려고 말이야.

잡은 고래를 골고루 나눔

바위그림에 나타난 고래의 생태

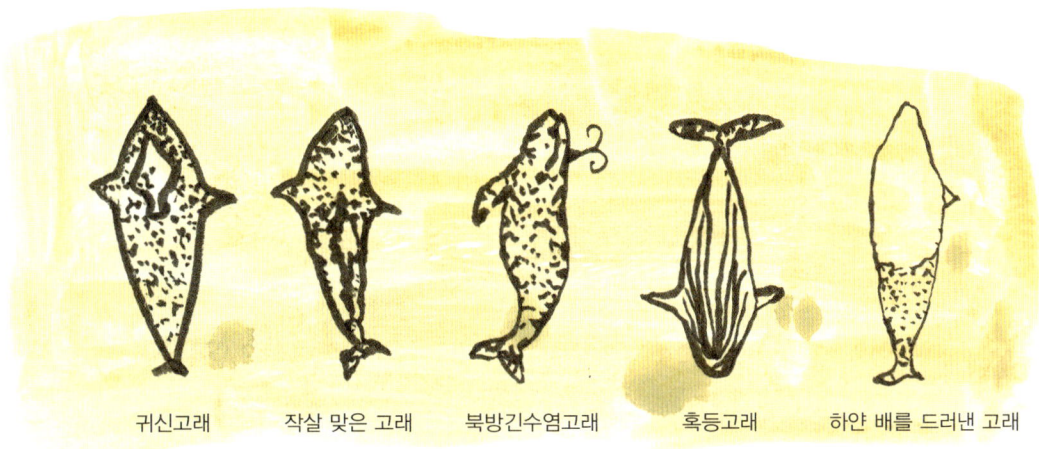

귀신고래   작살 맞은 고래   북방긴수염고래   혹등고래   하얀 배를 드러낸 고래

　새끼 업은 귀신고래, 작살 맞은 고래, 물 분수를 뿜어 대는 북방긴수염고래, 넓은 주름의 혹등고래, 하얀 배를 드러낸 고래……. 바위그림에는 수많은 고래가 있어.

　그런데 귀신고래는 왜 새끼를 업었을까?

　사람이 다가가면 감쪽같이 숨어 버려 귀신고래라고 부르는 이 고래는 물속에서 살지만 사람처럼 허파로 숨을 쉬어. 귀신고래뿐만 아니라 모든 고래가 다 그래. 돌고래도 마찬가지야. 그러니 물 바깥으로 나와 공기를 들이마셔야 해. 하지만 갓 태어난 새끼는 힘이 없어서 물 바깥으로 나오기가 쉽지 않아.

　"아가야, 엄마 등에 업히렴!"

　어미가 새끼 고래를 등에 업고 물 바깥으로 내보내 숨을 쉬도록 도와주는 거야. 새끼를 위하는 어미의 사랑이 사람과 다르지 않지?

고래 그림 중에 물을 뿜는 고래들이 있어. 누가 물을 잘 뿜나 내기하는 걸까? 아니, 사실은 숨을 쉬는 중이야.

고래는 종류에 따라 물을 뿜는 모양이 조금씩 달라. 물 분수가 V 자 모양이면 혹등고래, 북방긴수염고래, 대왕고래 등이고, 물 분수가 한 줄기로 쭉 뻗어 나가면 향유고래야. 콧구멍의 위치와 생김새에 따라 물이 뿜어져 나오는 모양이 다르거든. 분수처럼 물을 내뿜는다고 해서 고래의 콧구멍을 분수공이라고 해. 고래가 이렇게 물을 뿜는 이유는 폐 속에 새로운 공기를 공급하기 위해 물속에서 수면으로 올라왔을 때, 콧구멍에 있는 물과 기도에 있는 공기를 밖으로 내뱉기 때문이야. 물을 V 자로 뿜는 건 분수공이 2개인 수염고래 종류이고 물을 한 줄기로 쭉 뿜는 건 분수공이 하나인 이빨고래 종류야. 그러니까 물을 뿜는 것만 봐도 고래의 종류를 알 수 있어.

바위그림을 보면 고래가 철썩거리는 파도를 타며 놀기도 하고, 미역이나 다시마 같은 해초 사이를 들락날락하며 놀기도 해. 실제로 귀신고래는 주로 얕은 곳의 돌 틈에서 해조류 사이를 들락거리는데 바위그림에 있는 고래도 그 모습과 똑같단다.

음, 그러니까 바위그림이 고래의 생태도 알려 주는 거야.

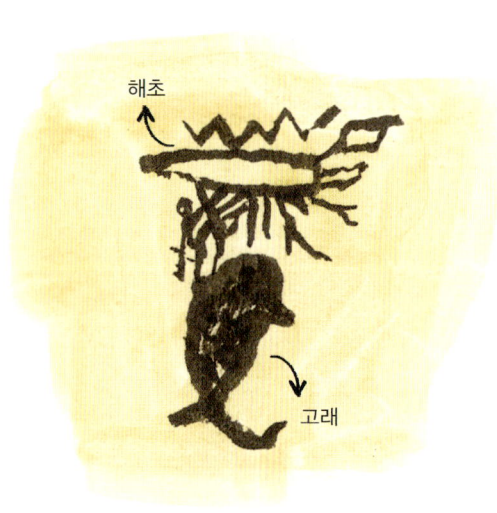

해초 사이에서 노는 고래

고래는 정말 육지에서 살았을까?

아주 오랜 옛날에는 고래가 육지에서 다리 4개로 걸어 다녔어. 그러다가 6천만 년 전쯤 육지에서 바다로 갔다고 해. 고래가 육지 동물이었다는 증거가 뭐냐고?

사람이나 다른 포유동물처럼 심장이 4개의 방(2심방 2심실)으로 되어 있다는 점, 폐로 호흡한다는 점, 다른 포유류처럼 목뼈가 7개라는 점, 암컷이 새끼를 낳고 젖을 먹여서 기른다는 점 등이야.

우리가 생각하는 포유류와는 모습이 많이 다르다고? 그래. 지금의 모습은 많이 진화한 거야. 목뼈는 아직 7개이지만 많이 짧아졌고 다리는 지느러미로 진화했단다.

바다는 육지에 비해 환경의 변화가 적고 먹이가 풍부하고 터전이 넓어. 이런 바다를 생활 공간으로 선택한 덕분에 빙하기 때 육지 동물이 멸종한 것과는 달리 고래는 지금까지 삶을 이어 왔을지도 몰라.

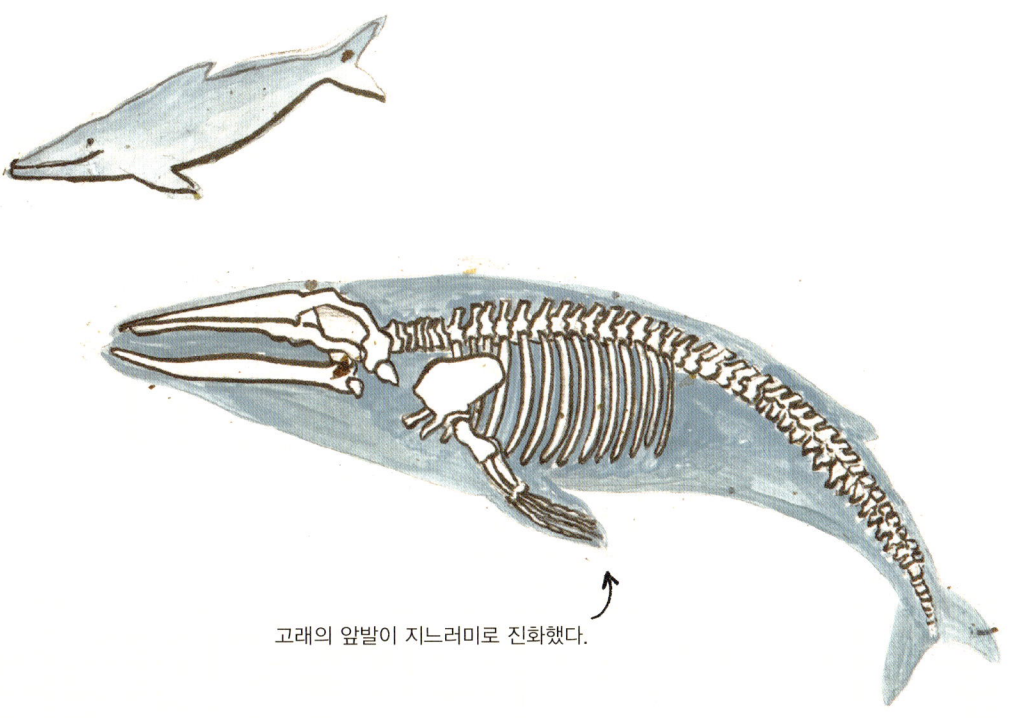

고래의 앞발이 지느러미로 진화했다.

공동체의 지도자, 샤먼

바위그림에는 사람의 모습도 새겨져 있어. 피리를 부는 사람, 활을 쏘는 사람, 팔다리를 쫙 벌리고 있는 사람……. 이런 그림을 통해 당시의 생활을 상상해 볼까?

피리를 부는 것으로 보아 음악을 즐겼고, 활을 든 걸 보아 활을 쏘아 동물을 사냥했을 것 같아. 그림에는 '샤먼'이라고 추측되는 사람도 있어.

샤먼이 뭐냐고? 샤먼은 신이나 정령 같은 초자연적인 존재와 통하는 특별한 능력을 지닌 사람을 가리키는 말이야. 북이나 방울 등을 사용하면서 노래를 부르고 춤을 추며 주문 등을 외우는데, 사람이 죽으면 저승으로 인도하기도 하고, 병을 고쳐 달라고 빌기도 하고, 앞날을 예언하기도 했어. 우리나라의 무당을 떠올리면 돼.

옛날 사람들은 세상 모든 것에 영혼이 있다고 생각했어. 사람만이 아니라 동물, 바위, 식물에도 말이야. 그래서 자연물과 직접 교류할 수 있는 능력을 가진 샤먼을 믿고 의지했어. 이런 원시 신앙을 샤머니즘이라고 하는데, 원시 샤머니즘 사회에서는 샤먼이 가장 강력한 지도자였단다. 그러니까 마을의 강력한 지도자가 제사를 지내는 모습이 바위그림에 남아 있는 거야. 샤먼은 모든 사람을 대표하여 간절히 빌었을 거야.

"고래가 잘 잡히게 해 주소서!"

반구대 바위그림에 새겨진 사람 모습

신성한 동물, 거북

반구대 바위그림에는 여러 가지 동물이 그려져 있어. 그중에 거북이 있는데, 거북은 고대부터 사람들이 신성하게 여겨 숭배했던 동물이야. 땅에서도 살고, 물에서도 사는 거북이 특별한 능력을 가졌다고 믿었거든. 그뿐만 아니라 거북은 풍요의 상징이었어. 거북이 모래를 파고 그 안에 알을 아주 많이 낳기 때문이야. 하나, 둘, 셋, 넷, 다섯……. 알을 수십 개나 낳는 거북도 있고, 200개가 넘게 낳는 거북도 있단다.

황금 알이 내려온다!

우리나라 사람들은 거북을 신과 인간을 연결하는 심부름꾼이라고 생각했어. 가야를 세운 김수로왕 신화에 이런 사상이 잘 나타나 있어. 가야는 기원전 1세기부터 6세기경까지 낙동강 하류 지역에서 세력을 떨친 나라로, 철이 많이 났어. 김수로왕 신화를 보면 여러 사람이 모여서 산꼭대기에서 땅을 파며 거북 노래를 부르자, 하늘에서 알이 든 상자가 하나 내려왔다고 되어 있어.

"거북아, 거북아, 머리를 내놓아라.

내놓지 않으면 구워서 먹으리!"

그런데 말이야, 그 상자 안에 황금 알이 여섯 개 들어 있지 뭐야. 사람들이 그 상자를 고이 모셔 두자 알 하나에서 한 사람씩 여섯 사람이 나왔어. 여섯 사람 중에 맏이인 김수로가 나중에 가야의 왕이 되었지. 거북은 이렇게 신화에 등장할 만큼 특별한 동물이었어.

나를 따르라!

북쪽을 지키는 현무

고구려 벽화에는 동서남북을 지키는 사방의 수호신인 사신이 있어. 모두 신비로운 상상의 동물이지. 동쪽은 푸른빛의 용 청룡, 남쪽은 붉은빛의 새 주작, 서쪽은 하얀빛의 호랑이 백호, 북쪽은 검은빛의 상상의 동물 현무야.

현무의 모습이 독특하고 역동적이지? 거북과 뱀이 배를 맞대고 휘감은 모습이야. 현무에게는 적의 공격을 막아 낼 수 있는 강한 힘이 있다고 믿었어. 그래서 전쟁을 할 때는 현무 깃발을 맨 앞에서 들고 가기도 했어. 용맹함으로 적을 물리칠 힘을 달라는 의미로. 현무는 북쪽의 수호신이라 북쪽 벽에 그렸단다.

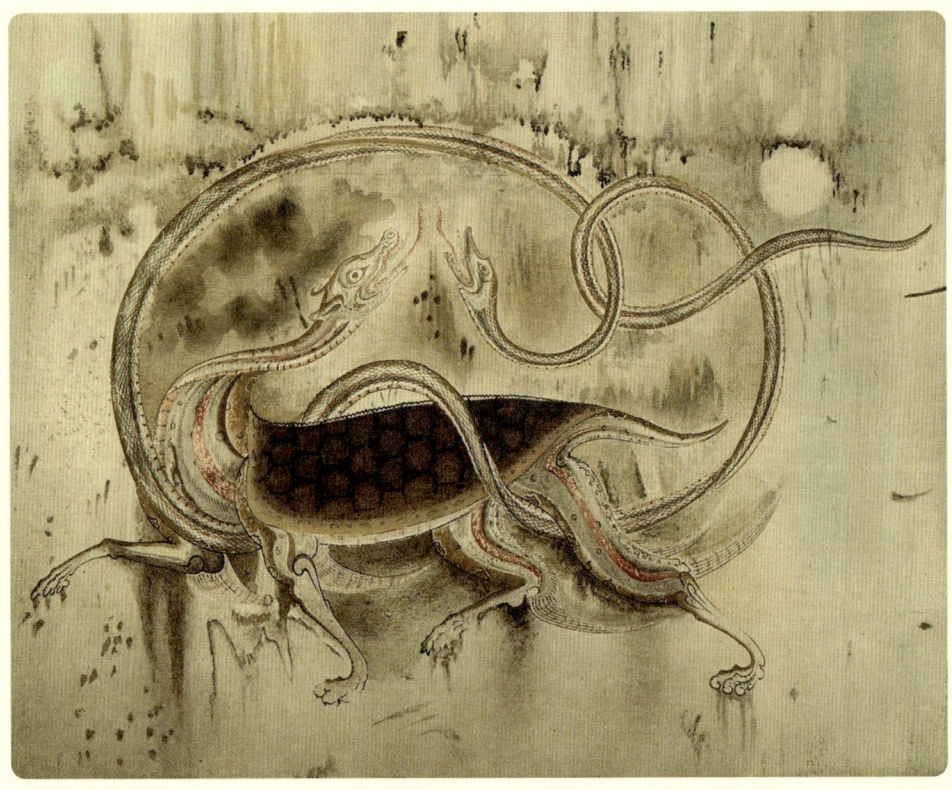

고구려 고분 벽화에 그려진 북쪽의 수호신 현무

도구의 발달

반구대 바위그림에는 야생 동물을 가둔 울타리가 그려져 있어!

　바위그림에는 고래 그림 말고도 사슴과 멧돼지 그림도 많아. 당시에 사슴이랑 멧돼지도 많이 사냥했다는 얘기지. 물론 호랑이나 족제비, 토끼 같은 다른 동물도 사냥했을 거고.

　그런데 말이야, 바위그림을 잘 보면 동물들 주위에 선이 그려져 있어. 후세의 학자들은 이 선을 동물을 잡아 가둔 울타리였을 것으로 해석해. 산이나 들에 있는 짐승을 잡아다 도망치지 못하게 울타리를 세워 가둬 놓고 키웠다는 거야. 야생 동물을 울타리 같은 도구를 활용해서 인간의 관리 아래 둔 거지. 드디어 동물을 가축화한 거란다.

비가 오나 눈이 오나 힘들게 사냥해야만 고기를 먹을 수 있었는데, 동물을 잡아다 우리에 가둬 기르면 새끼도 치고, 어느 때고 맘대로 잡아먹을 수 있었지. 그러니 생활이 얼마나 많이 달라졌겠어?

울타리뿐만 아니라 커다란 그물 같은 도구도 볼 수 있어. 물고기를 한 마리 한 마리 작살로 잡으려면 시간도 오래 걸리고 잡기도 어려웠어. 에구, 이제 겨우 세 마리 잡았네. 이러면서 한숨을 푹푹 쉬었을 테지.

그래서 생각해 낸 거지. 물은 빠져나가고 고기만 잡히는 도구를 만들어 쓰면? 한꺼번에 여러 마리를 잡으려면? 사람들은 나뭇가지나 싸리 같은 식물을 얼기설기 얽어서 그물을 만들었단다.

"그물을 던져라."

"많이많이 잡혀라!"

그물에 물고기가 많이 걸린 날은 마을 잔치를 벌였을 거야.

이렇게 사람들이 사용하는 도구는 세월이 흐르면서 발달해 갔어.

구석기 시대 사람들은 돌을 깨뜨려 만든 도구를 썼고, 신석기와 청동기 시대에 와서는 동물의 뼈를 깎아 작살도 만들어 썼어.

반구대의 바위그림을 정확히 언제 그렸는지는 아직 몰라. 하지만 그림의 내용을 보면 이 바위그림을 그린 사람들은 적어도 구석기 시대 사람들이 쓰던 도구보다 훨씬 발달한 도구를 썼다는 걸 알 수 있단다.

옛날에는 어떤 도구들을 썼을까?

사람이 사용하던 도구는 시대에 따라 만드는 방법이 달랐어.

구석기 시대 사람들은 돌을 깨뜨려서 도구를 만들어 썼어. 주로 사냥이나 동물을 손질하는 데 사용했지. 유물로는 주먹도끼, 돌칼, 긁개, 돌도끼 등이 있어.

신석기 시대 사람들은 돌을 깨뜨린 다음 갈아서 도구를 만들었어. 구석기 시대보다 한 단계 발전한 거지. 신석기 시대의 도구는 농사를 짓는 데 많이 사용했어. 유물로는 숫돌, 갈돌, 보습, 가래, 화살촉, 괭이 등이 있고, 빗살무늬 토기도 사용했어.

청동기 시대 사람들은 불을 이용해 구리와 주석을 섞어 도구를 만들었어. 유물로는 청동 검과 청동 거울, 청동 방울 등이 있어. 이런 도구들은 부족장이 사용했어. 또 제사를 지낼 때 쓰는 그릇을 만들기도 했단다. 곡식의 이삭을 따는 반달 돌칼을 사용하고 토기는 무늬가 없는 민무늬 토기를 썼어. 시간이 지날수록 도구를 만드는 기술이 점점 좋아졌지? 기술이 진보하면서 도구도 발달한 거야.

최고의 기호,
문자

동굴에, 바위에 새겨진 소망을
기억의 줄로 잇고자 빚어낸 기호
문자는 어떻게 만들어졌을까?

그림 기호에서 시작된 문자

글자는 어떻게 만들어졌을까?

처음부터 지금 우리가 쓰는 글자가 만들어진 건 아니야. 분명한 건 어느 날 하늘에서 뚝 떨어진 건 아니라는 거지.

"그럼 어떻게 만들어졌어요?"

음……, 대부분의 글자는 이 세상에 살았던 수많은 사람 덕분에 탄생했다고 볼 수 있어. 무슨 말이냐고?

아주 먼 옛날 글자가 아직 없었을 때 사람들은 말, 동작, 신호로 의사소통을 했어. 그런데 말이나 소리는 귀에 들리는 거리에 있어야만 뜻을 전할 수 있어. 몸으로 표현하는 동작 역시 눈에 보이는 거리에서만 가능하지. 게다가 말이나 행동은 그 순간이 지나면 없어져 버려.

말이나 소리를 붙잡아 둘 수는 없을까?

사람들은 말이나 소리를 멀리 떨어진 곳에서도, 혹은 시간이 많이 흐른 뒤에도 알 수 있는 방법을 생각했어. 그 결과 말이나 소리, 행동 등을 눈으로 볼 수 있게 기호로 만들게 되었어. 이게 바로 글자의 시초란다.

맨 처음, 사람들은 사물의 모양을 본뜬 그림이나 점과 선 등으로 기록하고 싶은 것들을 표시했어. 구석기 시대 사람들이 그린 동굴 벽화나 바위그림을 떠올려 봐. 그것들이 인류가 사용한 최초의 글자라고 할 수 있어. 이런 벽화나 바위그림에 새겨진 기호들이 글자의 선구자 역할을 한 거야.

벽화와 바위그림 말고도 글자가 탄생하는 데 징검다리 역할을 한 것들이 있어.

"어제 사슴을 몇 마리 팔았더라? 도대체 기억이 나질 않으니 어쩌나?"

사람들이 모여 살면서 생산품이 늘게 되자 서로 물건을 사고팔았는데, 이때 계산을 정확하게 하기 위해 어떻게든 표시를 해 두어야만 했어.

고대 남아메리카에 살았던 잉카 사람들은 수를 세고 기억하기 위해서 기다란 끈에 가는 끈들을 매단 키푸를 사용했지. 키푸는 페루 어로 '매듭'이라는 뜻이야. 세로로 매달린 끈을 매듭 지어 수를 표시했는데, 끈의 색깔과 길이 그리고 간격이나 매듭의 개수를 달리하는 방식으로 내용을 구분했어. 잉카 사람들은 키푸를 이용해서 동물의 수나 세금으로 거둬들인 수확물의 양, 마을 주민의 수까지 기록했단다. 키푸를 관리하는 사람은 왕에게 정기적으로 나라의 재정 상황을 알려야만 했지. 그러니까 키푸에 나라의 경제 사정이 고스란히 기록되어 있었던 거야.

또 메소포타미아에서 상업을 하던 수메르 사람들은 가축의 수나 보리의 양을 기록하기 위해 진흙으로 토큰(진흙으로 만든 원형의 작은 물체)을 만들어 항아리에 넣어 두었어. 이런 것들이 모두 글자가 생기기 전에 글자 역할을 한 거야.

오늘날 사용하는 문자의 직접적인 기원이 되는 그림 문자에는 이집트의 상형 문자, 마야의 그림 문자, 중국의 갑골 문자, 메소포타미아의 쐐기 문자 등이 있단다.

　이 중에서 맨 먼저 생긴 문자가 메소포타미아의 쐐기 문자야. 쐐기 문자는 기원전 3천 년 전부터 사용했거든. 이후 이집트의 상형 문자, 중국의 갑골 문자, 중앙아메리카의 마야 문자 등이 생겨났어.

　이런 문자로 기록된 내용들은 신분이나 재산에 대한 것이 대부분이었어. 왕의 권력이 얼마나 강력한지, 왕이 싸움을 얼마나 용맹하게 했는지 등을 기록했고, 앞으로 어떤 일이 일어날지 미래에 대한 예언도 기록했지.

　세월이 지나면서 초기의 문자가 변형되기도 하고 새로운 문자가 창조되기도 하면서 지금 우리가 쓰는 형태의 문자가 되었어. 그러니 글자는 어느 한 사람이 발명한 것이 아니라 그림 기호에서 시작해서 수많은 사람들 덕분에 탄생한 거라는 말이 이해되지?

사라진 문자 기호들

수메르 쐐기 문자

최초의 문자인 쐐기 문자는 수메르 사람들이 만들어 썼어. 지금의 이라크 땅에서 살았던 사람들이지. 그들은 뾰족한 막대기나 갈대를 이용하여 말랑말랑한 진흙 점토판에 그림 기호를 표시했어. 진흙이나 갈대는 주위에서 쉽게 구할 수 있었거든. 납작하고 뾰족한 쐐기 모양으로 선을 그어서 쐐기 문자라고 불렀어. 쐐기 문자를 새긴 점토판은 오래도록 보존하기 위해 불에 구웠어. 그렇게 하면 맘대로 고칠 수 없었겠지?

이렇게 만든 초기의 점토판에는 주로 보리 같은 농산물, 가축의 수 등 물건을 사고파는 데 필요한 것들이 새겨져 있어.

"양 다섯 마리. 보리 두 포대."

또 보리나 맥주 같은 원료와 상품의 목록, 토지를 갖고 있는 사람의 목록 같은 것이 기록되어 있어. 그러니까 양을 몇 마리 샀는지, 보리를 얼마나 팔았는지, 사고판 물건이 무엇인지 등을 기록한 거지.

쐐기 문자도 변화의 과정을 거쳤어. 처음에는 사물의 모습을 본뜬 상형 문자였어. 물고기란 글자는 물고기와 비슷한 모양이고, 새를 뜻하는 글자는 새와 비슷한 형태였지. 그런데 진흙으로 만든 점토판에는 곡선이나 둥근 모양 등 사물의 모양대로 그리기가 어려웠어. 게다가 갈대 줄기나 뼈와 같은 도구로 글자를 쓰다 보니 어느덧 자연스럽게 글자 모양이 날카로운 쐐기 모양이 되어 갔고. 이렇게 시간이 지나면서 초기의 상형 문자가 간결하게 개량되어 부호로 뜻을 나타내는 문자가 되었단다.

"선을 이용한 기하학적 문자야! 멋져!"

[수메르의 초기 문자]

수메르가 번성하면서 쐐기 문자도 널리 퍼졌어. 수메르 문명이 메소포타미아에 흡수되면서 더 번성하여 쐐기 문자도 오래도록 살아남았지. 주변의 다른 나라에도 전해지고 말이야. 그러면서 쐐기 문자는 고대 인류의 대표적인 문자로 자리 잡았단다. 그 뒤로 쐐기 문자는 3,000년 가까이 사용되다가 사라졌어.

수메르 문자 배워 볼까?

먼 옛날 수메르 사람들이 썼던 최초의 문자를 한번 배워 볼까?
이건 수메르 문자의 변화 과정이야.

물고기 → → → →

황소 → → → →

다리 → → → →

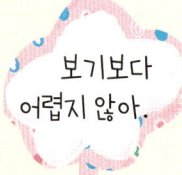
보기보다 어렵지 않아.

수메르 문자로 비밀 일기를 쓰는 것도 괜찮아.
거실 탁자 위에 펼쳐 놓아도 아무도 알아볼 수 없을 테니까.

이집트 상형 문자

"이건 진짜 그림 같아요!"

사실 쐐기 문자 다음으로 생겨난 이집트의 상형 문자나 마야 문자나 중국의 갑골 문자는 문자라기보다는 그림에 가까워. 그래서 이들 모두를 그림 문자라고 해.

이집트의 상형 문자가 쐐기 문자보다 훨씬 아름답지?

이집트 사람들은 이렇게 아름다운 글자를 지혜와 정의의 신인 토트 신이 준 선물이라고 여겼어. 그래서 주로 왕의 무덤이나 신전 같은 신성한 곳과 공적인 문서에 오랫동안 써 왔는데, 내용은 왕에 관한 것이 대부분이었어. 왕의 업적을 찬양하고, 왕이 신을 얼마나 잘 섬기는지, 얼마나 용감한지 등을 적었어. 그리고 신의 말이라는 뜻으로 '신성 문자'라고 불렀단다.

당시에는 글자를 쓰는 서기관이 따로 있었어. 글자를 배우는 일이 무척 어렵고 복잡했거든. 서기관은 아무나 될 수 없었어. 문자 학교에 들어가 10여

이집트 상형 문자

년 동안 공부해야 했지. 이렇게 공부해서 700자가 넘는 상형 문자를 읽고 쓸 줄 알아야만 비로소 서기관이 되었단다. 당시 이집트에서 글을 읽을 수 있는 사람이 1퍼센트 미만이었다고 하니, 자연스레 서기관은 막강한 권력을 가진 특권층이 되었어.

서기관들은 신비한 상형 문자를 파피루스에 적었어. 파피루스는 나일 강 가에서 자라는 풀이야. 파피루스의 줄기를 잘라 섬유층은 벗겨 내고 세로로 길게 자른 후 가로로 한 겹, 세로로 한 겹 겹친 후에 망치로 두들겨 넓게 펴서 이어 붙여 만들었지.

그런데 그림 문자가 적힌 파피루스가 유물로 처음 발견된 당시에는 어떤 뜻인지 해석할 수가 없었어. 후대 사람들이 여러모로 궁리해도 도무지 뜻이 통하지 않았지. 그러다가 1799년에 로제타석이 발견되면서 비로소 그림 문자들을 해석할 수 있게 되었단다.

로제타석은 프랑스의 군인이 이집트로 원정을 갔다가 나일 강 가에 있는 로제타라는 마을에서 발견한 비석이야. 그 비석에는 같은 내용이 세 가지 문자로 새겨져 있었어. 맨 아래에는 고대 그리스 어, 가운데에는 고대 이집트의 민중 문자, 맨 위에는 이집트의 상형 문자가 있었지.

이집트의 로제타석

"오, 아래에 적힌 그리스 어를 이용해서 위에 있는 그림 문자의 뜻을 알 수 있겠어!"

사람들은 로제타석에 새겨진 그리스 어와 이집트 상형 문자를 하나하나 대조해 보면서 그림 문자의 내용을 파악했어.

로제타석에 새겨진 내용은 이집트 왕 프톨레마이오스 5세를 찬양하는 내용이었어. 왜 같은 내용을 세 가지 문자로 새겨 놓았을까? 많은 사람에게 알리려고 그랬을까? 아무튼 로제타석이 발견된 덕분에 이집트 상형 문자의 수수께끼가 풀리기 시작했단다.

이집트 상형 문자를 한번 읽어 볼까?

수메르 문자와 많이 다르지? 두 문자가 어떻게 다른지 살펴봐도 재미있어. 상형 문자는 사물을 본떠서 만들었기 때문에 비슷한 게 있을지도 몰라. 중국의 한자도 상형 문자이니 한번 비교해 보렴.

마야 그림 문자

태양신에게 사람의 심장을 제물로 바쳤던 마야 사람들도 글자를 만들어 썼어. 이집트의 상형 문자나 수메르의 쐐기 문자와는 전혀 다른, 너무나 독특한 문자였지. 만화 같으면서도 매우 복잡하고, 정교하고, 장식적 특징이 강한 신비한 글자야.

마야 문자

마야 사람들은 숫자와 시간, 달력, 별자리, 미래의 일까지 글자로 적어 놓았어. 그들은 최고의 천문학자이자 수학자였거든. 지구가 둥글고 태양 주위를 돈다는 사실을 비롯해 별의 움직임도 훤히 알았어.

마야 사람들은 태양신께 제물을 바치거나 종교 의식을 행할 때는 맨 먼저 별자리를 살펴보고 날짜를 결정했단다. 특히 금성의 움직임을 중요하게 생각해 금성의 움직임에 따라 길흉을 점치고 전쟁 계획을 세웠어.

그런데 오늘날 전해 오는 마야 문자는 돌이나 그릇, 벽화에 새겨진 것들이 대부분이야. 1562년 에스파냐의 수도사였던 란다가 마야의 종교와 문화는 악마에 씌었다는 이유로 마야의 책을 3권만 남기고 모두 불살라 버렸거든. 이른바 '란다의 분서' 사건이야. 그래서 마야 문자는 아직도 해독하지 못한 글자가 많아.

마야 숫자 읽는 법을 알려 줄까?

긴 막대는 5, 점은 1이야. 그러니까 긴 막대 두 개 위에 점이 두 개 있으면 12야. 어때, 쉽지? 어디 가서 마야 수를 읽을 수 있다고 자랑하면 다른 사람들이 깜짝 놀라겠지?

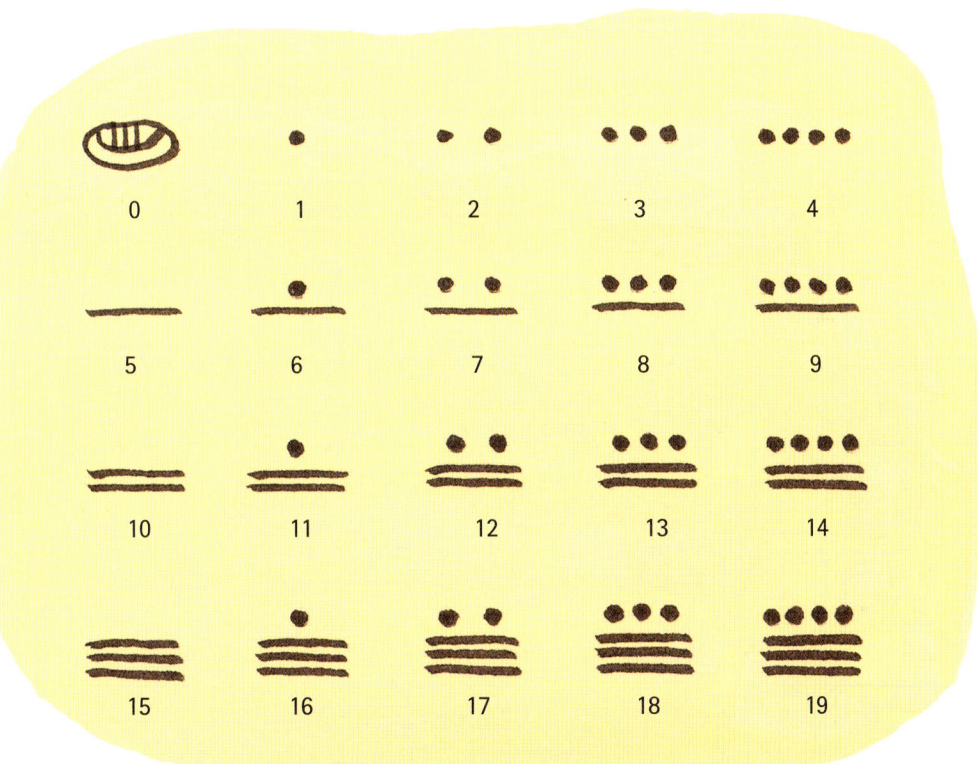

[마야에서 사용하던 수 표시]

중국 갑골 문자

아주 오래된 문자 중 하나로 중국의 갑골 문자가 있어. 갑골은 거북의 등딱지(甲: 갑)와 짐승의 뼈(骨: 골)를 아울러 이르는 말이야. 중국의 고대 왕조인 상나라(은나라) 때 거북의 등딱지나 소의 뼈로 점을 치고 거기에 글자를 새긴 데서 유래했어. 어떻게 점을 쳤느냐고? 나라에 중요한 일이 생기면 거북의 등딱지나 소뼈가 쪼개질 때까지 불에 달구었어. 그런 다음 갈라진 모양이나 방향을 보고 길흉을 점쳤단다. 그런 다음 그 내용을 등딱지나 뼈의 갈라진 모양 옆에 새겨 넣었지. 하늘의 뜻이라고 여기면서 말이야.

"왕비가 낳을 아이가 아들일까요?"

이렇게 주로 왕실에 관한 내용이 많았어.

갑골 문자는 중국 한자의 기원이 되는 문자로, 사물의 모양을 본떠서 그린 그림 문자로 시작되었어. 갑골 문자는 옛날 상나라의 수도였던 은허 지역에서 지금도 계속 발견되고 있단다. 그 덕분에 상나라에 대해 더 많이 알게 되었어. 새로 발견되는 글자가 새로운 사실을 알려 주니까.

한자는 어떻게 변화했을까?

대부분의 문자가 그러하듯 한자도 최초의 문자는 자연물을 본뜬 모습이었어. 세월이 지나면서 점차 달라졌지. 그 과정을 보면 저절로 고개가 끄덕여질 거야.

☀ → ⊖ → ⊙ → ⊕ → ⊖ → 日　(날 일)

🌙 → ♪ → ♫ → ♩ → ♪ → 月　(달 월)

〰 → 〰 → 〰 → 〰 → 〰 → 川　(내 천)

살아 있는 기호, 알파벳

오늘날 세계적으로 가장 많이 사용하는 글자는 알파벳이야. 알파벳도 다른 여러 문자처럼 세월이 흐르면서 서서히 만들어졌는데, 문자의 역사에서 알파벳의 등장은 가히 혁명적이라고 할 수 있어.

왜 그러냐고? 단어마다 다 다르고 모양도 복잡한 한자는 수천 자, 이집트 상형 문자는 수백 자를 익혀야 했지만 초기의 알파벳은 달랑 22자만 익히면 되었기 때문이야. 그 전까지는 글자가 어려워 글자를 모르는 사람들

오늘 들어온 물품은 뭐지?

이 많았는데, 누구나 읽고 쓸 수 있는 간단한 기호 22개만 알면 되었으니 정말 놀라운 변화지? 22개의 기호만 알면 무엇이든 글로 쓰고 읽을 수 있다니! 왕이나 귀족같이 권력 있는 사람들만 사용하던 글자를 이제 보다 많은 사람이 사용할 수 있게 되었단다.

알파벳은 기원전 1200년경부터 약 400년간 지중해와 대서양 연안을 지배하며 전성기를 누렸던 페니키아 사람들이 처음 만들어 사용했어. 상업에 종사하던 페니키아 사람들은 장사한 내용을 장부에 기록하기 위해 글자가 꼭 필요했어. 그들은 이집트 상형 문자와 메소포타미아의 쐐기 문자를 변형해서 22개의 표음 문자를 만들었어. 그리고 이 22개의 기호를 쉽게 구별하기 위해 각각에 이름을 붙이고 순서를 매겼어. 바로 이 문자가 오늘날 알파벳의 뿌리가 되었단다.

페니키아 사람들의 무역 활동을 통해 페니키아 알파벳은 여러 나라로 퍼져 나갔어. 동쪽으로 넘어간 알파벳은 예수와 그의 제자들이 사용했다는 아람 어가 되었다가 인도어, 히브리 어, 아랍 어가 되었어. 서쪽으로 지중해를 넘어간 알파벳은 그리스 알파벳을 거쳐 로마에서 사용했던 라틴 알파벳이 되었고, 현재 우리가 사용하는 영어 알파벳이 되었지. 알파벳이라는 말의 어원은 그리스 알파벳의 첫 두 글자인 알파(alpha)와 베타(beta)를 합친 것이라고 해.

알파벳 덕분에 세계인들이 서로의 생각을 주고받으며 살 수 있게 되었고 인류의 문명은 빠르게 발전했단다.

알파벳의 세계화에 기여한 그리스 알파벳

페니키아 인이 개발한 22개의 알파벳은 아주 쉬운 기호였지만, 그리스 사람들은 알파벳으로 모든 문자를 표시하기가 무척 어려웠어. 그리스 말은 모음이 많았는데, 페니키아에서 전파된 알파벳은 자음뿐이었거든. 그러니까 '나비'를 'ㄴㅂ'라고 써야 했던 거야. 모음이 없으니까 ㅏ와 ㅣ를 쓸 수가 없잖아. 그러니 그리스 말을 알파벳으로 옮겨 놓으면 수수께끼 같을 수밖에.

"어떡하지? 이 알파벳만으로는 글을 쓰기가 너무 어려워."

그리스 사람들은 궁리 끝에 고대 서아시아의 국제 공용어로 쓰인 아람 어에서 일부 기호를 빌려 와 쓰기로 했어. 아람 어 중 그리스 알파벳에 없는 것을 가져와 '나비'를 'ㄴㅂ'이 아닌 '나비'로 쓸 수 있게 된 거지.

"됐다! 이제 모든 말을 글로 옮길 수 있겠어!"

이렇게 해서 그리스로 넘어간 알파벳에는 모음까지 생겼단다. 시간이 지나면서 그리스 초기의 알파벳이 조금 달라져서 나중에는 자음 17자, 모음 7자, 총 24자로 되었어. 참고로 지금 전 세계적으로 쓰이는 영어 알파벳은 26자란다.

완전하게 정착한 그리스 알파벳은 시와 희곡 등 문학이 발전하는 데도 큰 역할을 했어. 그리스의 문학 작품이 유럽에 전해지자 유럽의 많은 사람이 문학 작품을 읽었고, 그리스 알파벳이 유럽에 뿌리내리게 되었단다.

우리의 기호, 한글

우리가 날마다 읽고 쓰는 한글은 다른 글자와 달리 만든 사람이 누군지 알려진 유일한 글자야. 누가 만들었는지 알지?

"세종 대왕요."

맞아. 한글은 조선의 세종 대왕이 만들었어. 어떤 원리로 만들었는지도 정확히 알 수 있지. 《훈민정음 해례본》에 적혀 있으니까.

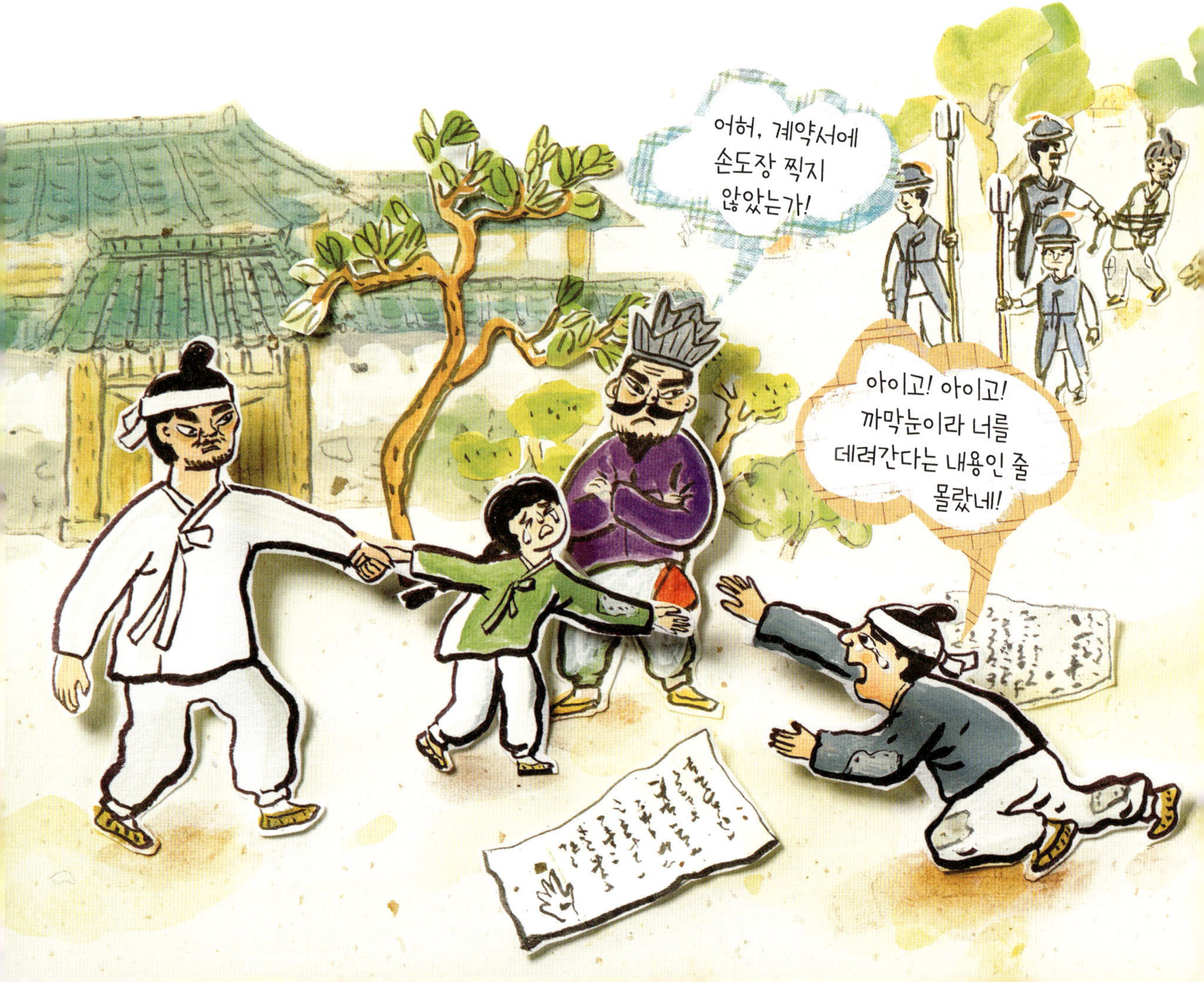

세종 대왕은 한글을 왜 만들었을까?

"한자가 너무 어려워서요."

잘 아는구나. 우리나라는 중국의 문자인 한자를 빌려다 글을 썼는데 한자를 다 익히려면 얼마나 많은 글자를 외워야 했는지 몰라. 수천 자, 수만 자를 외워야 하니 양반이 아니고서는 까막눈을 면하기 어려웠지. 날마다 새벽부터 바쁘게 일해 먹고사는 평민들이 어디 한가하게 책상에 앉아 한 자 한 자 글자를 익힐 여유가 있었겠어? 안 그래?

"일반 백성들도 쉽게 배우고 익힐 수 있는 글자가 있어야 할 텐데……."

세종 대왕은 백성들도 글자를 읽고 쓰게 하고 싶었어. 글자를 읽고 쓸 줄 알아야 책을 읽어 견문을 넓히고, 부당하게 자기 권리를 빼앗기지 않고, 세상 돌아가는 이치도 더 잘 알 수 있을 테니 말이야.

"백성 누구나 익힐 수 있는 쉬운 글자를 만들자!"

결국 세종 대왕은 우리 글자를 만들기로 결심하고 밤낮을 가리지 않고 매달렸어. 오랜 시간 연구한 끝에 우리말에 딱 맞는 글자, 자음 17자와 모음 11자를 만들었지. 자음은 발성 기관이나 소리 나는 모습을 본떠서 만들고, 모음은 자연의 이치를 본떠서 만들었단다. 그러니까 ㄱ은 혀가 목구멍을 막는 모양, ㄴ은 혀가 윗잇몸에 닿는 모양, ㅁ은 입 모양, ㅅ은 이 모양, ㅇ은 목구멍 모양을 본떠 만들었어. 이렇게 기본 글자를 만들고 거기에 획을 더해 다른 자음도 만들었지.

모음은 어떻게 만들었냐고? ㆍ는 하늘의 둥근 모양, ㅡ는 땅의 평평한 모양, ㅣ는 똑바로 서 있는 사람을 본뜬 거야. 이 셋을 기본으로 삼고 획을 더해서 나머지 모음을 만들었어. 지금은 자음 4개가 줄어들어 24자로 모든 글자를 쓸 수 있지. 자음에 모음을 더해서 말이야.

우리의 기호를 널리 퍼뜨려라

　세종 대왕이 밤낮으로 연구에 연구를 해 만든 한글, 눈병을 앓으면서도 자료를 들여다보고 또 들여다보며 만든 한글. 그런데 한글을 처음 만들었을 때 양반들은 완전히 무시했어.
　"한글은 무슨? 한자를 써야 양반이지. 한글은 쌍것들이나 쓰는 거야."
　세종 시대 학자 최만리는 한글을 만든 건 잘못한 일이라고 상소문까지 올렸다니까.
　"쉬운 우리글을 만들었는데 잘못이라고?"
　세종 대왕은 흔들리지 않고 한글을 널리 퍼뜨리기 위해 더욱 노력했어. 책을 한글로 쓰도록 하고, 노래를 한글로 짓도록 하고, 과거 시험 과목에 한글을 넣기도 했단다.
　"과거 시험을 보려면 한글을 공부해야 한다네!"
　과거 시험을 준비하는 양반들도 어쩔 수 없이 한글을 익히게 한 거지. 한글은 양반집 여인들과 상민들이 쓰면서 점점 널리 퍼져 나갔단다. 수천 자를 외워야 하는 한자와 달리 달랑 28자만 외우면 글을 읽고 쓸 수 있으니까 평민들도 쉽게 배웠어. 한자처럼 뜻을 생각할 필요도 없이 소리 나는 대로 줄줄 읽고 척척 쓰면 그만이니 얼마나 좋아.
　"한글이 그리 좋다고? 나도 한번 배워 볼까?"
　한글을 천대하던 양반들도 점차 한글을 사용하게 되었어. 아주 쉽고 편하게 뜻을 전할 수 있으니, 누가 권하지 않아도 점점 퍼져 나간 거야.

세종 대왕이 우리글을 만들지 않았으면 우린 아직도 어려운 한자를 배우느라 머리가 다 빠졌을지도 몰라. 편지 한 장 쓰기도 어려울 테니 멀리 있는 사람하고는 의사소통을 하기가 어려웠을 거야. 에이, 싫다, 싫어!

한글의 소리 기호여, 영원하라!

한자는 읽는 소리와 뜻이 다른 뜻글자이고, 한글은 소리 나는 대로 쓰고 읽으면 되는 소리글자야. 그래서 쓰지 못하는 글자가 거의 없어. 개 짖는 소리, 까치 소리, 비바람 소리, 아기 울음소리……. 어떤 소리든지 들리는 대로 다 쓸 수 있어.

요즘 우리나라 사람은 누구나 한글을 읽고 쓸 수가 있어. 모르는 사람이 조금은 있을지 몰라도 말이야. 이렇게 모든 국민이 글을 읽고 쓸 수 있는 건 한글이 쉽기 때문이지. 세계에서 글자를 모르는 사람이 가장 적은 나라 중의 하나가 우리나라야.

글자를 연구하는 세계의 학자들은 우리 한글의 우수성에 깜짝 놀란단다.
"한글은 정말 최고의 글자입니다!"
"소리와 글자의 상관 관계를 생각해서 만든 발전된 문자예요!"
"발성 기관을 본떠 자음을 만든 것은 위대한 과학성이에요."
"한글처럼 과학적이고 체계적인 글자는 이 세상 어디에도 없어요."
이런 찬사를 수없이 듣는 한글, 그만큼 한글 창제는 위대한 일이야.

유네스코에서 해마다 글자를 익히게 하는 데 힘쓴 사람들에게 주는 상이 있는데, 그 상 이름이 바로 '세종대왕상'이란다. 세종 대왕의 한글 창제 정신을 높이 받들어 상 이름이 세종대왕상이 된 거야. 지금까지 가나, 인도, 요르단, 튀니지, 중국, 사우디아라비아, 필리핀 등 세계 곳곳에서 문맹 퇴치에 커다란 공을 세우거나 성공적인 활동을 펼친 단체에 수여되었단다. 그뿐만이 아니야. 1997년에는 유네스코에서 한글을 만든 목적과 한글의 원리 등을 적어 놓은 《훈민정음》을 세계 기록 유산으로 지정했어. 정말 뿌듯하지 않니?

동굴에 새기기 시작한 기호가 사람들의 지식을 높여 주었고, 문자까지 탄생시켰어. 세월이 흐르면서 기호는 더욱 많아지고 인류의 생활과 뗄 수 없게 되었지.

왜 이렇게 기호가 많아졌느냐고?

기호가 사회와 문화를 발전시키기 때문이야. 사람들은 기호를 통해 정보를 쉽게 얻을 수 있고, 기호 덕분에 생활을 훨씬 편리하게 할 수 있고, 기호가 있어서 안전하게 살 수 있거든.

언젠가는 외계인과 소통할 수 있는 기호도 생길까?

기호가 없는 세상은 생각할 수도 없어. 기호가 없다면 사회는 제대로 돌아가지 않을 테니까. 그러니까 세상천지에 널린 기호들이 사회를 제대로 돌아가게 하는 셈이란다. 서로 소통할 수 있게 도와주는 역할을 하면서.

세상이 복잡해질수록 기호는 자꾸 늘어날 거야. 복잡한 것을 단순한 형태로 만들어 쉽게 받아들일 수 있게 해 주니까. 물론 사용하던 기호를 더는 사용하지 않게 되기도 하겠지. 그건 자연스러운 변화야.

앞으로 어떤 기호들이 새로 생겨날까?

그 기호들은 세상을 또 어떻게 변화시킬까?

참고 도서와 자료

데이비드 폰태너, 《상징의 모든 것》, 사람의무늬
데이비드 폰태너, 《상징의 비밀》, 문학동네
아드리안 프루티거, 《인간과 기호》, 창지사
아리엘 골란, 《선사시대가 남긴 세계의 모든 문양》, 푸른역사
앤드류 로빈슨, 《문자 이야기》, 사계절
이상목, 《반구대 암각화 이야기》, 리젬
장순근, 《지구 46억년의 역사》, 가람기획
정동찬, 《살아 있는 신화 바위그림》, 혜안
조르주 장, 《기호의 언어》, 시공사
조르주 장, 《문자의 역사》, 시공사
필립 윌킨스, 미란다 브루스 미트포트, 《기호와 상징》, 21세기북스

* 이 책에 나오는 용어와 연도 등은 국립국어원 표준국어대사전, 브리태니커 백과사전, 두피디아, 네이버 지식백과를 참고하였습니다.

사진 출처

41쪽: 혼일강리역대국도지도 wikimedia commons | 58쪽: 라스코 동굴 벽화 wikimedia commons | 65쪽: 천전리 각석 ⓒ 문화재청_공공누리 | 66쪽: 태양의 돌 ⓒ Pavel Konovalov_Dreamstime | 67쪽: 빗살무늬 토기 ⓒ 국립중앙박물관_공공누리 | 69쪽: 이그드라실 wikimedia commons | 70쪽: 각저총 씨름도 wikimedia commons | 74쪽: 솟대 wikimedia commons | 75쪽: 나가 ⓒ Meunierd_Dreamstime | 81쪽: 피에타상 wikimedia commons | 88~89쪽: 반구대 바위그림 wikimedia commons | 90쪽: 천전리 각석 ⓒ 문화재청_공공누리 | 100쪽: 현무 wikimedia commons | 103쪽: 구석기 주먹도끼 ⓒ 국립춘천박물관_공공누리, 구석기 긁개 ⓒ 국립청주박물관_공공누리, 신석기 돌보습 ⓒ 국립청주박물관_공공누리, 신석기 숫돌 ⓒ 국립춘천박물관_공공누리, 신석기 화살촉 ⓒ 국립청주박물관_공공누리, 청동거울 ⓒ 국립광주박물관_공공누리, 청동기 반달 돌칼 ⓒ 국립청주박물관_공공누리, 청동기 동검 ⓒ 국립춘천박물관_공공누리 | 113쪽: 이집트 상형 문자 ⓒ Skripko levgen_Dreamstime | 114쪽: 로제타석 ⓒ Francisco Javier Espuny_Dreamstime | 116쪽: 마야 문자 ⓒ Vladimir Korostyshevskiy_Dreamstime